点亮亲子学院

培养有国际竞争力的中国孩子

女孩养育课

[日]中野日出美·著
张宁·译

在女孩潜意识里
种下7颗『幸福种子』

中国经济出版社
CHINA ECONOMIC PUBLISHING HOUSE
·北京·

图书在版编目（CIP）数据

女孩养育课：在女孩潜意识里种下7颗“幸福种子”/（日）中野日出美著；张宁译．--北京：中国经济出版社，2021.11

（全球教子智慧书系）

ISBN 978-7-5136-6678-7

Ⅰ.①女… Ⅱ.①中… ②张… Ⅲ.①女性-家庭教育 Ⅳ.①G78

中国版本图书馆CIP数据核字（2021）第207308号

著作权合同登记号 图字：01-2021-4861

选题策划　崔姜薇
策划编辑　张　博
责任编辑　葛　晶
责任印制　马小宾
封面设计　任燕飞装帧设计工作室
插画设计　sayasans

出版发行　中国经济出版社
印 刷 者　北京富泰印刷有限责任公司
经 销 者　各地新华书店
开　　本　880mm×1230mm　1/32
印　　张　5.625
字　　数　111千字
版　　次　2021年11月第1版
印　　次　2021年11月第1次
定　　价　58.00元
广告经营许可证　京西工商广字第8179号

中国经济出版社 **网址** www.economyph.com **社址** 北京市东城区安定门外大街58号 **邮编** 100011
本版图书如存在印装质量问题，请与本社销售中心联系调换（联系电话：010-57512564）

前言

培育女孩成为独立优雅的幸福女性

谢谢您能阅读这本书。

在您开始阅读本书之前，我想真诚地向您介绍一下这本书，它与以往的育儿书完全不同。

第一，本书第一次针对孩子的“潜意识”这个尚未开发的研究领域提出了育儿理论。

第二，本书并不是从头到尾解析父母对孩子说的话，而是详细介绍了和话语同等重要，甚至比话语的影响力还要大的父母的态度和行为、父母的生活方式在育儿中的作用。

第三，本书介绍的方法是您马上就可以付诸实践的，其显著成效是值得期待的。再强调一遍，本书是日本第一本具体介绍如何影响孩子潜意识的育儿书。只要您在育儿过程中实践本书介绍的方法，您的女儿一定能够成为事业成功、生活幸福的人。

下面是自我介绍。我叫中野日出美，至今已经做了近20年的心理咨询师。我主要擅长的领域就是潜意识。通过潜意识对人们做心理调整是心理治疗中最难也是最细分的领域。其特点是，要更加深入地介入咨询对象的内心和人生。

比起普通的心理咨询，进行一次潜意识治疗需要的时间要长很多。做一次普通心理治疗一般为1~3小时，而我做的潜意识心理咨询则需要6小时之久。到目前为止，我已经为3000多人做过治疗，花费18000多个小时。我的治疗重点是，我会非常详细地询问治疗者小时候是什么样的孩子，并且重点深入询问他们的父母是什么样的人，且父母是怎样培养他们的。

我的潜意识心理咨询得出了一个结论，父母的培养方式对孩子的人生有非常大的影响。

或许您会认为，这个结论不是不言自明的道理吗？然而，事情并没有那么简单。对父母而言，只要是对孩子有益的事，就愿意去做。我自己也有两个孩子，对这种心情是再明白不过了。但是，正如俗话所说，“可怜天下父母心”。通过将近20年的心理治疗，我了解到一个事实，虽然父母认为，去做对孩子有益的事是为了孩子好，孩子们却不一定这样认为，这对于父母来说是很大的打击。

那么，该怎么办呢？

答案就是，家长使用好对孩子的潜意识产生影响的方法，就能对孩子的将来起到基本定型的效果。

不过，虽说家长要想办法对孩子的潜意识产生影响，但如果给孩子种下了引向失败的“种子”，那就适得其反了，这肯定是父母不愿意看到的结果。

究竟是什么会让孩子不幸，又是什么会让孩子幸福呢？本书很详细地介绍了父母的哪些做法会导致孩子变得不幸。此外，我还会在对父母的语言、态度和行为的多年研究成果的基础上，介绍在女孩的潜意识里种下“幸福种子”的诸多方法。按照我的建议去做的家长们纷纷反馈，孩子发生了巨大的变化。

我本人也是按照这些方法培育我的女儿的，如今她已经实现了儿时的梦想，成为一名医生，成为一个坚强且柔软的女性。我和女儿从这些方法中受益颇多，于是我写下了这本书，希望更多的父母以及全世界的女孩子都能使用这些方法。

我一直在做潜意识方面的心理治疗，在日本，我可能是将潜意识治疗聚焦亲子关系并对此研究最深、研究时间最长的人。这种治疗方法是以心理学的“交流分析”为基础，使用“神经语言程序学”（NLP）和“现代催眠”的有科学依据的独创方法。从某种意义上来说，对孩子的潜意识进行影响的方法浓缩了我心理治疗事业的精华。

孩子仿佛降临到我们人生中的天使一般，作为父母的您，请为心爱的女儿种下照耀她一生的“幸福种子”吧！

亲子心理交流协会代表　中野日出美

目 录

导　言　在女孩潜意识里种下7颗“幸福种子”

My Way

第5颗"幸福种子"——坚韧勇敢的种子

第6颗“幸福种子”——甄别伴侣的种子

导言

在女孩潜意识里种下7颗『幸福种子』

孩子的潜意识就像田地一样，父母传递给孩子的信息就好比种子，种在田地里的种子慢慢长大，或茁壮成树，或灿烂如花。有些成了女孩人生中的幸运花朵，而有些则成了女孩人生中不幸的花朵。

为什么影响潜意识会有更好的效果？

1. 您是不是觉得用“潜意识”这个词有些不妥

我在前言里写道：“这本书跟以往的育儿书是完全不同的。”那么是哪里不同呢？一言以蔽之，本书介绍的是影响孩子潜意识的育儿方法，这一点就是最大的不同。

您可能会想：“啊？用‘潜意识’这个词是不是有些不妥啊？这些育儿方法真的可以用吗？”

当然可以用，请您放心。

一说起潜意识，大家就会深有疑虑，因为市面上有些跟潜意识有关的书强调潜意识是超自然的。其实，潜意识本身并不可怕，潜意识领域的治疗方法有很悠久的历史和确凿的依据。事实上，如果把潜意识的性质、掌控方法和成体系的心理学、心理疗法结合起来，就会给我们的人生带来巨大的变化。

这是第一本真正充分利用潜意识的性质，具体地教授父母如何引导女儿成长为精神上和经济上都富足的女性的书。

请您充满期待地开启阅读之旅吧。

2. 知道这个方法和不知道这个方法会有天壤之别

您一定会读到之前所有的育儿书中没有的且能让您心潮澎湃的事例。但是，漂亮话和理想论是培养不出能够在坎坷人生路上坚强求存的女性的。所以，我会在这本书里具体地、真实地分析女孩在人生道路上会遇到的各种可能性。

好的，我再强调一遍，作用于潜意识的育儿法是安全且非常有效的。可以说，这种方法是真正结合了精神分析学、发展心理学和交流分析等权威理论并加以实践的有效方法。您也许学过这些有名的理论，但并没有以简单、易懂的方式在日常生活中运用它们。

这本书基于我多年做潜意识相关治疗过程中的众多事例，回答了父母们的疑问：“我虽然知道父母会影响孩子的人生，但究竟会影响什么，会产生什么样的影响，我们又该怎么做呢?”

接下来要介绍的方法，父母知道与否，会在拓展孩子人生的可能性上造成非常大的不同。

3. 人的内心被分成两个领域

要想使用对潜意识产生影响的方法，来引导孩子成为各个方面都非常优秀的女孩，就要先了解一下潜意识究竟是什么。

人的内心可以被分成两个领域：一个领域是自己可以感知得到的内心领域，即意识，意识控制着思考、分析、选择、判断等活动；另一个领域是自己感知不到的内心领域，即潜意识，潜意识控制着感情、感觉、直觉、想象力等活动。

大家一般会认为，意识是大脑的活动结果，潜意识是心脏和身体的活动结果。我们可以把这两个领域比作冰山，海面以上，很小一部分的冰山是意识；海面之下，占绝大部分的冰山是潜意识。众所周知，海面之下看不见的冰山比海面之上看得见的冰山要大得多。同样，潜意识也要比意识大很多。

4. 对人生能够产生巨大影响的因素

潜意识并不只是大，它对我们人生的影响要比意识更深远。为什么会这样呢？因为我们是按照各自的思考、感情和行为模式生存的，而思考、感情和行为模式正是由潜意识产生的。

“啊？我们是按照自己的想法来行动的？难道不是按照能够感知到的内心活动——意识生存的吗？”

不，不是这样的。

我们都认为自己的行动是由大脑决定的，但其实人们在遇到什么人或经历什么事时感受是各不相同的，而这些不同的根源正是每个人不同的价值观，也就是思维模式。

例如，看到一个盛着半杯水的杯子，有人会很放心，觉得还有半杯水呢；有人就会不安，觉得只剩半杯水了。因此，他们将要采取的行动也会不同。

面对同一种情况，人们都会用脑思考，但价值观所决定的感受已经产生了作用，决定了接下来要采取的行动，一个又一个这样的行动，就构成了人生。

既然产生思考、感情和行为模式的是潜意识，那么，我就跟大家说说，潜意识究竟会对我们的人生产生多大的影响。

5. 哪种方法能让孩子更听你的话

对我们的人生产生影响的思考、感情和行为模式是怎么产生的呢？它们是由潜意识传达的信息产生的。

由潜意识传达的信息叫作暗示，“暗示”的反义词就是“明示”。比如，“爸爸一直很后悔，小时候没好好刷牙，最后不得不去拔牙”，这就是暗示；“不刷牙会长蛀牙的，快去刷牙”，这就是明示。

您的孩子听了上面哪一种说法会听话地去刷牙呢？一般来说，应该是第一种。明示会让孩子有一种被迫刷牙的感觉，暗示则会让孩子觉得自己想要刷牙。

对，正是这些听起来不是命令和指挥，能够让孩子主动接受的“暗中驱动的信息”，即暗示，会对潜意识起作用，对我们的思考、情感和行为模式产生很大的影响。

父母传递出的“三个信息”决定孩子的人生

1. 人的一生能否成功，儿童时期很重要

沟通分析理论认为，每个人在儿童时期接受父母怎样的教育，会对生死产生无意识的人生构想。这就叫作“人生剧本”，就像电视剧或电影剧本那样，有不同的开端，不同的情节，最终走向不同的结局。

这种存在于潜意识中的“人生剧本”是什么时候形成，又是如何形成的呢？其实，就是儿童时期父母传递给孩子的三个信息，构成了孩子的“人生剧本”。第一个信息是父母的语言，第二个信息是父母的态度和行为，第三个信息是父母的生存方式。

这三个信息就是左右孩子人生，形成“人生剧本”的根基。如果用“暗示=暗中驱动的信息”的方式把这三个信息传递给孩子，就会对孩子产生更大的影响。

请大家回忆一下前面在说明示和暗示时举的刷牙的例子。比起直接说“快去刷牙”，父母把自己的真实感受告诉孩子，会对孩子产生更大的影响。也就是说，不论什么内容的信息，用暗示的方式都会对孩子的潜意识产生更大的影响。

2. 如果潜意识是田地，父母的信息就是种子

潜意识能够左右孩子的人生，而且影响力巨大。潜意识就

像田地，父母的信息就好比种子。人无法从田地的表面看到土里种的是什么种子，但是随着时间的流逝，种子会发出芽，长出根茎。同样，在孩子的潜意识这块田地里种下不同的种子，收获的果实也会不一样。有的种子会把孩子的人生引至幸福之地，有的种子则会把孩子的人生引至不幸之地。

这本书具体介绍了父母传递给孩子什么样的信息会在孩子的潜意识里种下幸福的种子，以及如何播种幸福的种子，让女孩成为精神上、经济上都富足的人。

只要您能按照本书介绍的方法，在孩子的潜意识里悄悄地种下幸福的种子，您女儿的人生一定会熠熠生辉。

对女孩来说，幸福是什么？

1. 社会环境发生了巨大变化

以前的女孩子都是这样长大的：在适龄期和不错的男人结婚（最好能嫁给金龟婿），博得公婆的喜爱，生一个健康的孩子，做一个贤妻良母。

没有哪个父母不希望自己的女儿幸福，他们希望女儿不要那么辛苦，这也是人之常情。但是，被丈夫疼爱、守护，过着稳定的生活，就幸福了吗？

在我结婚的年代，主流的观点还是女孩的最好归宿是和有经济实力的男性结婚，做全职太太。但是现在情况已经发生了巨大的变化，仅靠丈夫一个人工作就能养活全家的家庭在迅速减少，而且女性的结婚率每年都在下降。更有统计显示，平均每三对夫妻中，就会有一对夫妻离婚。也就是说，婚姻已经不再是女性永久的职业了。

虽然社会对待男女的差别正在缩小，但依然有很大的不同，职场霸凌、性骚扰、精神暴力等，横亘在女性面前的障碍还有很多。从某种意义上说，完全依赖男性的时代已经结束了。

2. 现代女性所面临的问题

现代女性虽然看起来很强大、很坚强，但其实内心和过去的女性并没有太大区别。在做心理咨询的过程中，我听到很多女性向我倾诉她们内心的想法和人生轨迹，其中有些人所处的状态让我非常担心，就是在今天这样一个时代，从她们的内心深处我们还是能隐约看见她们希望依靠男性来获得幸福的愿望。

很多女性都有“女人的幸福取决于男人”的想法，这就相当于把自己人生的缰绳轻易地交到了男人手上。有些女性会迁就男人的想法和心情，哪怕会伤害自己的内心和身体，甚至还有女性因为自己没有经济能力，不得不忍受男人的出轨和暴力。但我想说的是，随着时代的变迁，女性在精神上和经济上越来越不需要依赖男性了。

那么，今后的女性要怎样才能过得幸福呢？答案就是，靠自己的力量来变得幸福。

当今的女性必须得有这个意识才行，依靠自己的力量根本不需要期待他人，也不会受到背叛。和丈夫一同乘上了他的船，可以在人生的大海上悠然自得地航行，但是也存在着在途中遇到暗礁、被迫下船的危险。

是的，女孩可以拥有自己的船，可以凭着自己的喜好在人生的大海上航行。

3. 女性应该为谁而活

女性应该从小就主导自己的人生。

女孩不要再苦苦等待自己的白马王子了，因为童话中的白马王子在真实世界不存在；就算真的出现了，也有可能再次化为泡影。所以，与其让女孩做一个等不到白马王子就得不到幸福的公主，还不如做一个自己骑上白马去追寻幸福，获得自己想要的东西的人。

结婚？生子？离婚？希望女孩子在面对这些人生重要选择时，不被其他人的价值观和需求左右，而是带着责任感自主选择。

所以，把女孩培养成不为任何人活，只为活出自我的独立女性吧！

4. 幸福的女性都有共同点

我在做潜意识方面的心理咨询时，深入了解了很多女性的内心想法和人生轨迹。我发现，既能得到自己认可又能得到他人认可的女性有以下几个共同点。

第一，她们都身心健康，有发自内心深爱的人，同时自己也被他人深爱着；她们在精神上和经济上都不依赖父母、丈夫和孩子，有对自己的人生好好负责的意识和能力。

第二，她们都很幽默，有能够获得生存价值的爱好、工作或是毕生的事业。

第三，她们都有女性的柔软和温柔，都能依靠自己过属于自己的人生。

这些女性中，既有已婚的，也有未婚的；既有有孩子的，也有没孩子的，她们的情况各不相同，但都拥有自己的幸福人生。

希望您的女儿也能成为这样的女性。

7 颗“幸福种子”

引导女孩得到幸福人生的通行证

幸福人生的通行证就是依靠自己过属于自己的人生。那么，要想让孩子成为这样的女性，需要哪些能力呢？我深入地了解并分析了众多女性的人生，总结了以下 7 种能力，我确信它们就是能够让女孩们变得幸福的“种子”。

第 1 颗“幸福种子”：经济独立的种子

第 1 颗种子就是经济独立。女孩要想自由地生活，精彩地过自己的人生，首先就是要经济独立。虽然金钱买不来幸福，但金钱可以让你拥有选择的权利。

第 2 颗“幸福种子”：自我保护的种子

对于女孩来说，一定要有自我肯定的意识，有了这种意识之后，孩子才会懂得保护自己的内心和身体，并珍惜自己。女孩要想拥有幸福的人生，必须要种下“自我保护的种子”。

第 3 颗“幸福种子”：精神自立的种子

不依赖父母、丈夫和子女，为自己的人生做选择，这样就可以成为不在乎周围人目光的女性。这是“精神自立的种子”。

第 4 颗“幸福种子”：健康友谊的种子

在女性的人际关系中，最难处理的就是女性之间的关系。在女性之间的人际关系处理中，有很多不能讲道理的地方，所以做能在女性战场上生存的女人很不容易。

第 5 颗“幸福种子”：坚韧勇敢的种子

在女性的人生道路上会出现很多障碍，比如，职场霸凌、性骚扰、精神暴力。“坚韧勇敢的种子”能守护女孩不被人生的风雨和困难打败。

第 6 颗“幸福种子”：甄别伴侣的种子

女性要能够吸引她潜意识里喜欢的男士。要在女性的潜意识里树立“能够互相支持，共享感动”的男士才是理想伴侣的理念。

第 7 颗“幸福种子”：幸福生活的种子

“幸福生活的种子”是能够帮助父母真正实现女儿各个方面

都会幸福的愿望的种子。

以上7颗“幸福种子”就是能够让女孩获得幸福人生的通行证。请爸爸妈妈一定要在女孩的潜意识里悄悄种下“幸福种子”。

把“不幸种子”变成“幸福种子”

1. 家长改变态度，孩子也会发生改变

前面我们讨论的是影响孩子的潜意识会产生什么样的效果，以及在潜意识里种下“幸福种子”的益处。但是，家长有时候会在无意识的情况下给孩子种下“不幸种子”。

下面来分享几则我收到的“幸福的回音”，都是家长在意识到自己给孩子种下了“不幸种子”之后，又重新给孩子种下了“幸福种子”，进而产生了变化。

(1) 有一天我忽然意识到，自己经常对孩子说“快点儿”“好好的”这些话是在逼迫孩子。老师让我忍住不说这些话，只要默默地关注着孩子就好。后来，孩子真的开始主动做作业、练钢琴了，这让我很吃惊！（小学五年级女孩的妈妈，38岁）

(2) 我为女儿将来的幸福着想，让她学了钢琴、游泳、英语和芭蕾舞，但是后来我明白了，让她学这些其实全都是为了

满足我这个当妈妈的心愿，我很后悔。因为这些学习开始不久，女儿就出现了咬手指的情况，还得了斑秃，当我把练习都停下来之后，情况才有所好转。今后我打算只让她继续学她想学的芭蕾舞。（小学四年级女孩的妈妈，40 岁）

（3）我发现我总是不停地跟孩子说让她好好学习，说这都是为她好，但我自己都不知道为什么要好好学习。于是我进行了自我反省，按照老师给我的建议跟孩子聊了聊，没想到孩子竟然开始主动做作业了。（小学四年级女孩的妈妈，38 岁）

（4）我母亲和我的关系对我和我女儿的关系有很不好的影响，老师说这是一种连带反应，我恍然大悟。如果不是老师提醒，我现在还搞不清楚为什么我跟女儿之间总是有什么在阻隔一样。谢谢您！（小学五年级女孩的妈妈，43 岁）

（5）女儿拒绝上学之后我每天都非常焦虑，时而愤怒，时而哭泣，我努力平复自己的心情，但还是非常混乱。在我改变了对女儿的态度之后，女儿脸上的表情慢慢地变轻松了，在我开始觉得有希望的时候，女儿开始上学了（虽然只去了保健室）。谢谢老师！（小学四年级女孩的妈妈，39 岁）

（6）直到去年，我还在坚持为了孩子绝对不离婚，而我们对孩子说的都是对方的坏话。知道了这会对孩子的潜意识有影响之后，我开始思考什么才是真正的幸福。现在我和孩子生活在一起，不管是我，还是孩子，都重新找回了生活的活力。（小学五年级女孩的妈妈，41 岁）

（7）我很担心不爱学习的小女儿，但我尽量不拿她和学习很好的大女儿比。然而，不知不觉中我还是会将她们进行比较，而且对小女儿嫌弃至极。后来我才意识到，这是我和小女儿之间产生巨大鸿沟的原因。（小学六年级女孩的妈妈，38 岁）

（8）我满脑子想的都是如何能让患有厌食症的女儿吃东西，但其实我应该想的是女儿为什么会患上厌食症。现在她能正常吃饭的时间逐渐多了起来，我的焦虑也比以前缓解了一些，我终于理解了老师说的“孩子的问题都是大人的问题”。（小学五年级女孩的妈妈，38 岁）

以上只是“幸福的回音”的一小部分，但也足以看出父母向孩子传递的信息对孩子的身心有多么大的影响。我自己是两个孩子的母亲，在初次知道父母对孩子潜意识的影响时，我内心非常震惊，所以，我希望跟您一道成为播种更多“幸福种子”的父母。

2. 准备好和您的孩子一起接受改变吧

在后面的章节，我会介绍父母的哪些言谈举止和生活方式会对孩子的一生造成不好的影响，即种下“不幸种子”。

我在这里列举的“不幸种子”都有可能对孩子的一生产生深刻的影响，我还会说明受到影响后孩子会变成什么样。当然，这并不是对每个孩子都适用的，您只要了解这些影响就行了。

这之后，我会介绍父母的哪些言谈举止和生活方式会对孩子的一生产生好的影响，即“幸福种子”。

我还为父母们准备了孕育“幸福种子”的两个“如果”，父母一定要跟孩子一起对这两个“如果”进行快乐的思考和解答。

为了能在寻找答案的过程中，在孩子的潜意识里播撒更多“幸福种子”，我可是绞尽了脑汁。当然，这些问题没有正确答案，我只是希望通过对问题的思考和拓展刺激孩子的潜意识，为培养各种能力打下基础。因此，不管孩子怎么回答，都不要训斥她或笑话她，父母要从内心表现出很感兴趣的样子，要仔细倾听。

总之，父母一定要跟孩子一起快乐地思考并讨论，这才是最重要的。

实际上，跟孩子一起思考问题就可以不断地在孩子的潜意识里种下“幸福种子”，并加深亲子关系。在每一章的最后，我还写了留给爸爸、妈妈的话，希望能对您有所启发。

第1颗『幸福种子』——

经济独立的种子

只靠男性的经济收入生活的时代已经结束了，美食、包包、靓装，甚至房子，女性要是都能自己买就好了。为此，我们要在女孩的潜意识里种下“经济独立的种子”，让女孩的身心都得到解放。

绝对不能种下的“不幸种子”

“我想离婚，但是自己没有经济收入，只能忍着。”

“我想去实现自己的梦想，但先生不给我出钱。”

“我想更投入地去工作，但那就享受不了配偶免税待遇了。”

我不知道听过多少这样的诉求了。没有经济能力的女性只能依靠男性或者父母才能生活下去。很多女性在孩童时代就被悄悄地种下了“不幸种子”，放弃了自己应有的人生，觉得自己只不过是一个家庭妇女而已。让我们看看具体有哪些“不幸种子”吧。

1. 妈妈把“为了孩子”当作借口不工作

真理子的妈妈在生了真理子之后就辞职了，她总是在跟丽香的妈妈喝茶时感叹：“唉……要是我们家爸爸能再多赚一点儿就好了，要不我也出去工作吧。”

丽香的妈妈说：“您先生去工作的时候您可以跟孩子在一起，比起在外面辛辛苦苦地工作，还是在家好吧。虽然赚不来钱，但毕竟轻松一点。”

有些女孩一旦结婚生子就成了家庭主妇，

将自己没有经济能力的责任推给丈夫和孩子。

妈妈把“为了孩子”当作借口不工作，家里的开销几乎都靠丈夫的收入。

在这样的家庭里长大，女孩的潜意识里就会被种下“不幸种子”，认为不工作更轻松，挺好的。男人在外面工作赚钱，女人在家里做家务、照顾孩子就可以了。

等女孩长大成人，好不容易大学毕业了，进入了不错的企业工作，可是一结婚生子就彻底成了家庭主妇。一旦夫妻关系破裂，或者经济上出现困难，就会把自己没有经济能力的责任转嫁给丈夫和孩子，说自己是为了孩子才辞职的。

2. 鼓励母亲的幼稚行为和无所作为

由香里的妈妈总是给孩子和自己买可爱的亲子装和发带，还总是说：“由香里是妈妈可爱的洋娃娃。”孩子的爸爸也经常抚摸着母女俩的头说：“妈妈和由香里都很可爱。”家里的大事决策和支出全都靠爸爸。

如果父亲总是鼓励母亲的幼稚行为和无所作为，父母也总是把孩子当作洋娃娃，在无意识的情况下为孩子什么都不会做或什么都不思考而高兴，那么这些行为都会变成“不幸种子”，让孩子觉得女人什么都不想、什么都不会做更讨男人喜欢，一切都让别人来帮自己做活得会更轻松。

这样下去，孩子长大了就没有解决问题和自己生存的能力，只会一门心思地去寻找能够宠爱自己、照顾自己的人。

3. 孩子还没开口，就什么都买给孩子

赖子总是让爸爸、妈妈和奶奶给她买玩具、书、游戏棋和

其他任何想要的东西，所以她什么都有，但是拥有之后，她很快就会厌倦。

作为父母或祖父母，如果孩子想要什么就给买什么，或者孩子还没说想要就给买好了，就会给孩子种下“不幸种子”，让孩子觉得只要是我想要的东西，我都能得到，根本没有必要辛辛苦苦地工作。这样，孩子长大后就不会想努力奋斗，也不会全力以赴地去工作，更没有奋斗的欲望，只要感受到一点压力或者辛苦就马上辞掉工作，一直啃老，始终无法自立。

4. 妈妈总是求爸爸给自己钱和物

知美家最了不起的人就是爸爸。知美的妈妈在给孩子花钱或者自己想买东西的时候，总是求爸爸给钱，爸爸掌握家里的经济大权，妈妈根本没有实权。

在这样的家庭里长大，女孩的潜意识里就会被种下“不幸种子”，认为女人就是靠着跟男人要钱生活的，为了能要到很多钱，就必须讨男人的欢心。这样，女孩长大后为了尽量不工作，就会去寻找有经济实力的男人。

如果情况刚好相反，爸爸把赚的钱全都交给妈妈管理又会怎样呢？这样做也可能会种下“不幸种子”。例如，爸爸为了索取零花钱对妈妈过于卑微，女儿就会觉得比起工作的男人，在家料理家务、育儿的女人更了不起。

5. 父母总说“你是女孩”，并因此不要求孩子努力学习

良子的哥哥又被爸爸训斥了：“你是男孩子，学习上应该比

女孩子更努力才行！”良子的哥哥在学习上一直比良子努力，爸爸总是对良子说：“良子是女孩子，不那么努力也没什么，良子太努力了反而很难办。”所以，爸爸从来没有因为学习的事跟良子发过脾气。

“女孩子学习不用那么努力。”“女学霸一点儿都不可爱。”“优秀的女性会让人敬而远之。”如果父母经常这样说，不鼓励女孩好好学习，那么这些语言都会变成“不幸种子”，让孩子觉得能干的女人会被讨厌，优秀的女人不会幸福。这样，孩子就很难考入好的学校，也很难考取各种有利于就业的资格证书，只能做收入低又辛苦的工作。这些女孩很容易把希望寄托在结婚这个永久“职业”上，还有可能去找一些靠出卖身体吃饭的职业。

6. 只让女儿帮着做家务，而不对男孩提出这样的要求

在小薰家，小薰会帮助妈妈做饭、洗衣服、打扫卫生，但是哥哥和弟弟却不会。每当小薰抱怨为什么只有自己需要帮忙做家务时，妈妈就会说：“女孩不会做家务，以后就成问题了。”

如果家里以“你是女孩”为说辞，只让女儿帮忙做家务，就会给孩子种下“不幸种子”，让孩子认为做家务就是女人的事，不会做家务就得不到认可。这样，女孩长大之后就会以会做家务为荣，看不起那些不会做家务的女人。在父母都工作的家庭长大的女孩，一旦自己做不好家务和育儿这两件事，就会内疚和焦虑，甚至无法在工作上充分发挥自己的能力。

7. 过分强调结婚和生孩子的好处

美香的梦想是做一个美丽的新娘，养儿育女。美香家的起居室摆放着爸爸和妈妈的结婚照，照片上的妈妈非常漂亮。

如果总是给女孩讲王子和公主的童话故事，或者把生儿育女说得太过理想，就会在孩子的潜意识里种下“不幸种子”，让孩子觉得结婚是人生的最好归宿，结了婚就可以和自己的王子幸福地生活在一起了，还可以有自己可爱的宝宝。

接受这样的教育的女孩长大之后会变得只关注外表，为了能找到理想中的王子，过分在意自己的发型、妆容和衣服等。结婚以后才发现现实的残酷，承受理想破灭的痛苦，甚至因为理想与现实的差距而深感悲凉。

不能自己赚钱这颗“不幸种子”只会养育出依靠男人的女性，或者拼命讨好男人的女性，甚至让女性成为赖在家里的大龄剩女。从某种意义上来说，丈夫是她们新的“父母”，但因为不是亲生父母，所以她们的地位极不稳定。女性不赚钱就意味着人生几乎没有什么可能性和选择的余地。

经济不能独立这颗“不幸种子”只会养育出
依靠男性的女性，或是拼命讨好男性的女性。

7 颗“经济独立的种子”

过去人们常说：“和有经济实力的男性结婚，当家庭主妇才是女性的幸福。”

但是，现在能靠自己的经济实力养活一家人的男性正在减少，据说 20 年之后只有 5%~10%的男性能做到。近年来，日本的离婚率不断增长，每三对夫妻中就会有一对夫妻离婚，可以说依靠男性生活的时代已经结束了。所以，未来的女性必须具备自己赚钱的能力。

1. 妈妈要在经济上实现自由

大多数孩子会参照同性别的家长的生活状况规划自己今后的生活，女孩会以自己母亲的生活方式为模板，男孩则倾向于以自己父亲的生活方式为模板。因此，如果在女孩的成长过程中一直看到的是母亲努力工作赚钱，经济上独立的生活状态，就会在她的潜意识里种下“幸福种子”，认为女性应该努力工作，从而获得自由快乐的生活。

虽然育儿爸爸越来越多，但是仍然有很大一部分人错误地认为做家务和带孩子理应是妈妈的事，父亲只是给妈妈帮忙。我想说的是，在父母都有工作的家庭中，做家务和育儿这两件事应该各有分工，起码应该是夫妻双方各承担一半。分担家务和育儿是父亲的责任和义务。

所以，有工作的妈妈，不要不好意思，把一半的家务交给爸爸来做，或者找家政人员帮忙，留出更多的时间陪伴孩子，让孩子看到一个每天都充满活力、快乐生活的母亲。

2. 尽可能让女儿获得高学历

看到这个标题您可能会想：什么？要女孩子取得高学历？事实证明：高学历非常重要，虽然日本偏差值①教育问题、教育改革问题被炒得沸沸扬扬，但日本仍然是偏差值社会。

高学历的人收入相对高，更容易出人头地，这是不争的事实。虽然日本现在有了《男女雇佣机会均等法》，为劳动者创造了更好的就业环境，使女性劳动者不受到性别歧视，并尊重女性劳动者，充分发挥其能力。从表面上看，男女就业机会已经平等了，但事实并不是这样。

在日本社会中，女性还是处于非常不利的地位，所以才要尽可能拿到更高的学历。同样是药学专业和理工专业，毕业于偏差值45的大学和毕业于偏差值65的大学，个人发展是很不一样的。

所以，父母一定要重视女孩的学业，因为这会变成“幸福种子”。

---

① 偏差值即日本对于学生智能、学力评判的一项计算值，偏差值=［（个人成绩-平均成绩）÷标准差］×10+50，计算出来的数值就是学生的个人分数。

高学历的人收入相对高，更容易出人头地，
这是不争的事实，所以父母一定要重视女孩的学业。

但是我们需要注意一点，一定要为女儿规划好求学路径，设定好目标，培养竞争意识，让她成为具有工作能力的女性。

3. 让孩子拥有一技之长

您可以有意识地培养女儿的一技之长，拿到相应的专业资格证书，找到可以养活自己一辈子的工作。可以在和她一起看电视或者一起出门的时候聊聊各种各样的职业、各种各样的生活状态，帮助她规划未来的工作和生活；也可以跟她说说自己一生中后悔的事，或者聊聊周围朋友的故事，都会产生很好的效果。通过这样的亲子对话告诉孩子学习的真正目的。

这就在孩子的潜意识里种下了“幸福种子”，孩子会努力考入好大学，考取资格证书，掌握一技之长，这些对于她将来的发展是非常重要的。

4. 告诉女儿依靠别人生活是多么不自由

有些孩子看到别人有的东西就一定要让父母给买，不给买就心生不满，结果只能是父母屈从。久而久之，孩子就会认为不付出劳动，我也什么都能得到，将来长大了就不会有工作赚钱的想法。

所以，在孩子哭闹要东西的时候，父母还是应该冷静一下，也有意识地培养孩子的忍耐力。在让孩子学会克制对物质的欲望时可以告诉孩子：“等你长大之后，就可以随心所欲地给自己买喜欢的东西了。”这样孩子就会想：“啊，等我长大了，我就可以自由地买想要的东西了。”这种想法正是“幸福种子”。

5. 培养女孩的上进心

在现代社会这种生存环境下，培养女孩子的竞争意识是非常有必要的。事实上，大多数成功女性都具有很强的竞争意识，她们不服输，通过各种办法让自己变得强大。

在孩子失败的时候，父母要跟孩子说：“真遗憾啊，不过没关系，我们一起想想下次该怎么做吧。”这样就会在孩子的潜意识里种下“幸福种子”，孩子会觉得通过竞争取得胜利是一件荣耀的事，一定要努力做得更好。

6. 让女孩正确认识金钱

一定不要告诉孩子“金钱是肮脏的”“有很多钱会带来不幸”这些不科学的说法。如果父母有这样的价值观，那么孩子必然会觉得有很多钱是一件很危险的事情。父母要告诉孩子一些有钱的好处，让孩子感觉到钱是必要的，有钱可以买到很多东西。

在我的孩子上小学的时候，我每周日下午都会跟他们一起看一部纪录片，纪录片里讲述了各种各样的人生。在观看纪录片的过程中，我和孩子们时而哭、时而笑，还经常以旁观者的视角做些评论：“这个人如果工资多一点，就能和孩子一起生活了。他那时候为什么没找个更好的工作呢?”这倒很意外地成了“幸福种子”，让孩子体会到人生的残酷和金钱的重要性。

所以，请您一定要把有钱的好处和没钱的坏处告诉孩子。

7. 父母的正向引导至关重要

请父母在日常交流中悄悄地在女孩的潜意识里种下“经济独立的种子”，这样的语言很有效，比如：“还是工作的女人更酷。”“不管怎么说，没钱就没办法保护家庭。”“啊，妈妈要是再努力一点，考到护士资格证书就好了。”

自己不能赚钱就相当于在人生的航程中没有船，只能搭乘别人的船，甚至连前进的方向都不知道，而且有可能在航行中被赶下船。有赚钱能力的女性可以掌控自己的人生，不会为了钱而受到身心和时间的束缚。

所以，女孩的父母，请一定要授之以渔，而不是授之以鱼。

孕育“经济独立的种子”的两个“如果”

经常假设一些场景，并在场景中向孩子提问，可以影响孩子的潜意识，而且这样的亲子对话也会加深亲子关系。下面我们通过两个“如果”的提问，悄悄地在女孩的潜意识里种下“经济独立的种子”。

1. 如果你在40岁的时候非常穷困，给你一个回到过去的机会，你会回到多少岁，然后做些什么呢？

这个问题是假设了一个女性悲惨的中年生活，目的是让孩子有不想变成那样的想法，并进一步思考变成那样的原因。之

与其看着女儿人到中年过着悲惨的生活，

不如趁早引导她专注学习。

后再让孩子思考“人一生想赚到钱必须具备什么条件”，以这样的方式种下“幸福种子”。

如果孩子回答：“我要回到39岁，然后工作。”你就可以半幽默、半严厉地回应：“可是我觉得你39岁的时候应该已经很穷困了，如果换作妈妈，妈妈就会回到初中一年级，然后非常努力地学习，直到成为一名医生。”

这样的回答本身就是“幸福种子”。

2. 如果你在药店看到买不起药而给孩子偷高价药的妈妈，你会告诉警察吗？

这是个非常复杂的问题，对大人来说都挺难回答的。所以，如果孩子说“我不会告诉警察的”，请一定不要责备她；如果孩子说“我会告诉警察的”，也同样不要责备她。

你可以试着问：“哦，为什么呢？”然后仔细倾听孩子为什么会这样做。提出这个问题的目的不仅是要让孩子思考没钱的可悲，也要让她思考正义和道德，以及对他人的体贴之心。

在探讨这个问题的过程中，父母和孩子一起分析没钱人家的孩子的境况，以及偷药母亲的心情，这本身就能向孩子传递金钱的重要性以及母子之间的感情，当然还有现实的残酷，以此给孩子种下“幸福种子”。

通过向孩子提问：“如果你看到为孩子偷药的妈妈，会告诉警察吗?”让孩子思考金钱的意义。

妈妈对女儿影响之巨大超乎想象

我妈妈是一个非常漂亮、非常开朗的人，但是她基本上没有赚钱的能力。她那一代人接受的教育就是要做一个贤妻良母，根本没有考虑过女性经济上独立的重要性。母亲又是姐妹中最小的一个，一直在众人的宠爱中长大，所以在她的人生里种下的种子是“女人要年轻、可爱、漂亮才有价值，尽量找一个可以靠得住的男人来照顾自己”。

我有一个比我小四岁的妹妹，她小时候就像洋娃娃一样可爱，长大以后愈加漂亮，她一直是妈妈的骄傲。跟妹妹相比，我相貌平平，估计妈妈还挺失望的，也正因为如此，妈妈一直希望我能成为一个优秀的人。

现在想来，多亏了我有这样的家庭背景，使得我内心并不存在“女人要年轻、可爱、漂亮”的种子，而是有着“为了使父母开心要让自己更优秀”的“种子”，所以我成了一个非常努力和上进的人，而我妹妹现在人到中年，还是觉得女人应该年轻、可爱、漂亮。

如今的我，既是女儿，又是母亲，而且我充分地体会到母亲对女儿的影响有多大。与此同时，我也在反省，因为我曾经在女儿的潜意识里种下了很多“不幸种子”。不过，在我的不断努力下，很成功地给女儿种下了“经济独立的种子”，这让我稍稍安心了一些。比如，在女儿还很小的时候我会问她：“长大后你要做什么来养活自己呢?”女儿说过开花店、当歌手、开面包房、开玩具店等，未来的目标也变过很多次，直到小学三年级时她说以后要当医生，之后就再也没变过，最终真的当了医生。

后来我想，是不是因为我对她的潜意识进行了暗示，所以她才有想要当医生的想法，为此我感到很不安，于是我和正在医学部就读的女儿坦诚地沟通了一下。我问女儿：“是不是因为妈妈在不知不觉中给了你很多当医生的暗示，你才有了读医学的想法呢？如果是这样，你随时可以放弃医学部，重新选择自己的专业。”女儿回答：“嗯，有可能是的。但一直以来我都是依靠自己的努力达成目标，而且我真的想成为医生帮助别人。”

听了她的回答我才安心了。又过了几年，女儿开始做研修医，工作既辛苦又危险，身心俱疲，女儿禁不住说：“唉，早知道我就不当医生了!”听了女儿的话，做母亲的我又深深地感到自责。直到有一天，女儿从医院回来感慨地说：“我觉得当医生真好。今天中午，我在商场买午饭的时候，忽然想到‘啊，我能赚很多钱，可以随心所欲地买昂贵的寿司，而且每天都能买昂贵的寿司’。当然，这份工作能看到很多患者的笑容，这是最幸福的事了。”

这些话说起来好像开玩笑，但看着女儿幸福的表情我有些想哭，我想对她说：“你真的很棒。”

第2颗『幸福种子』——自我保护的种子

在女孩的潜意识里悄悄地种下“自我保护的种子”。抱有理想主义和只说漂亮话是无法幸福的，毕竟女孩子在人生路上会遇到很多对身心造成伤害的诱惑和陷阱，也会遇到自己伤害自己的危险。

只有在女孩的潜意识里种下珍爱自己的“幸福种子”，她才能保护自己的身心，拥有光明的未来。请父母一定要在女孩子的潜意识里种下“自我保护的种子”。

绝对不能种下的“不幸种子”

1. 妈妈流露出“早知道不生下你就好了”的意思

纱荣子的妈妈非常年轻、漂亮，纱荣子以妈妈为骄傲，可是妈妈经常不在家。纱荣子没有爸爸，所以她不得不留在家里照顾弟弟。妈妈跟朋友打电话的时候经常说：“唉，要是没生孩子，我现在……”

对孩子来说，妈妈是她最爱的人，如果孩子感觉自己成了妈妈幸福的阻碍，潜意识里就会被种下“不幸种子”，觉得如果没有自己，妈妈会更幸福。这样的孩子从青春期一直到长大成人，都无法获得自我肯定，因为“我的存在是没有价值的，我消失了才好”的想法挥之不去。

这些“不幸种子”会引发厌食症、堕胎、上瘾以及各种伤害自己的行为，这会毁掉女孩子的人生。

2. 妈妈在生活中自我牺牲太大

幸子的妈妈对幸子说：“如果是为了幸子，那么妈妈什么都能忍。”说这话的原因是幸子的爸爸喜欢上了别的女人，妈妈跟爸爸生气，还总是哭哭啼啼，但是为了不离婚，保持家庭的完整，妈妈一直在忍耐。在精神上和经济上不独立的母亲就会像幸子的妈妈一样，为了孩子坚决不离婚、不工作，自己做出很大牺牲，目的是让孩子知道必须要报答妈妈。

在这样的家庭长大的孩子，潜意识里会被种下"不幸种子"，觉得生孩子就是女人的不幸，是自己让妈妈变得不幸，所以我这辈子必须报答妈妈。等孩子长大以后，很可能对结婚和生孩子产生抗拒，认为自己是无法得到幸福的，进而在自己都意识不到的情况下做出不利于自己的选择，或者凡事都优先别人，委屈自己。

3. 父母总是优先满足自己的需求

丽娜的妈妈总是那么耀眼，她给丽娜报了很多课程，希望丽娜拥有尽可能多的特长，她自己也考取了很多资格证书，还经常和朋友们外出，所以她总是把丽娜放在奶奶家。

如果父母没有充分履行做父母的职责，让孩子备受冷落，孩子的潜意识里就会被种下"不幸种子"，认为自己不是人生的主角，自己的存在并不重要。这样的孩子长大之后总也找不到自信，习惯于做他人的陪衬，也不清楚自己究竟想要什么。如果这样的女孩做了母亲，自然也不知道该怎样教育自己的孩子。

4. 父母有某种依赖症

美由纪的妈妈总是一边做晚饭，一边喝酒，等酒劲儿上来

如果父母总是优先满足自己的需求，忽视孩子的感受，孩子就会习惯于做他人的陪衬，不清楚自己想要什么。

了，就眼神发呆，一边吃晚饭，一边发脾气或者哭泣，还总跟美由纪发牢骚：“什么好事儿都没有，我真是过不下去了。”烂醉如泥的妈妈发完牢骚就睡过去了，可是美由纪却睡不着。

如果孩子看到父母沉迷于酒精、药物、购物、异性、赌博等，孩子的潜意识里就会被种下“失败种子”，觉得可以依靠酒精或异性的刺激来逃避讨厌的事或消除烦恼。在他们长大成人之后，很有可能会成为依赖这些东西的人。

5. 孩子给妈妈当“情感顾问”

每次麻友的父母吵架后，妈妈都会跟麻友吐槽。妈妈总是哭着说：“麻友，你听妈妈说，如果妈妈没和爸爸结婚就好了。你爸爸有外遇了，你不觉得他很过分吗?”

麻友总是鼓励妈妈说：“是啊，妈妈，你本来能和更好的人结婚的。”

如果妈妈总是跟女儿诉说自己的烦恼以及自己跟丈夫的关系，就会在孩子的潜意识里种下“失败种子”，孩子就会觉得如果自己不能帮助妈妈就没有必要存在了，会被妈妈抛弃。本来，在父母吵架时，孩子就会对自己存在的意义产生怀疑，如果父母中有一方已经出轨，那么情况会更加严重，但是因为孩子非常想证明自己存在的意义，所以就拼命地安慰妈妈。

在这样的家庭环境中长大的孩子，很可能会逃避那些导致自己人生分崩离析的问题，做感情顾问或心理治疗方面的工作，以帮助别人来证明自己存在的意义，但也会存在无法信任别人，

如果父母习惯于用酒精、药物、购物、异性、赌博等来逃避烦恼，那么孩子很可能会成为依赖这些东西的人。

无法从内心爱别人的缺点。

6. 爸爸对妈妈和孩子施加语言暴力或肢体暴力

优娜的爸爸经常打骂优娜的妈妈，不仅如此，有时候还会打优娜和她哥哥。每当这时，妈妈就会非常悲伤。

如果爸爸对妈妈和孩子施加语言暴力或肢体暴力，妈妈却无能为力，孩子的潜意识里就会被种下“不幸种子”，认为男人可以强势到可怕，女人很弱小，甚至被打都是毫不足惜的。

这样的女孩长大以后缺乏对男人的判断力和信任，即使希望要找性格好，能够与之建立平等关系的男性，但还是会不可避免地招惹到像爸爸那样喜欢暴力的人，甚至成为家庭暴力的受害者。当然，嫁给容易出轨或沉迷于赌博的男人的女孩也不在少数。

7. 妈妈对孩子过度保护或者过度放任

佐和子的妈妈总是很担心她，从吃东西、穿衣服到学习、交朋友，再到将来的打算，妈妈都会一一过问。她还密切关注佐和子在学校的动态，绝对不能让孩子遇到不高兴的事儿，或者挫折。和佐和子家相反，洋子的妈妈满脑子想的都是如何照顾优秀又容易生病的儿子，对女儿洋子却放任不管。

过度保护和过度干涉会在孩子的潜意识里种下“不幸种子”，让孩子觉得我完全没有必要自己思考，一直像婴儿一样什么也不懂，爸爸妈妈就很高兴。所以，她们总是会暗示自己尽量不要长大。这样的孩子长大以后，解决问题的能力会非常差，会成为精神上、经济上都无法独立的女性。她们会非常惧怕成为成熟女性，在青春期身体发生变化时刻意减肥，甚至出现拒绝吃饭或暴饮暴食的问题。

相反，如果妈妈对孩子过度放任，也会在孩子的潜意识里种下“不幸种子”，孩子会认为自己不值得别人关注，不存在反而更好。这样的孩子也会跟受到过度保护的孩子一样，长大后出现拒绝吃饭或暴饮暴食问题的可能性非常大，还有可能做出割腕自杀等伤害性行为。还有的孩子为了证明自己存在的必要性，采取活着就要给别人帮忙的生活态度，为了他人而牺牲自己。

在以上这两种类型的家庭长大的女孩有一个共同点，就是对自己的感情和感觉非常不敏感，不清楚自己真正需求的是什么。女孩跟男孩相比更会为他人着想，所以从很小就在家庭里担任照顾他人的角色，经常充当“情感顾问”或者作为家族成员关系的“缓冲剂”。这样的女孩会被种下“不幸种子”，将来这些思想都会腐蚀女孩的人生。潜意识里有伤害自己的“不幸种子”的女孩，会无意识地伤害自己的身心，或者放任其他人伤害自己。

7颗“自我保护的种子”

女孩在进入社会以后，比男孩更容易遭遇性别歧视、职场骚扰，甚至性骚扰，因此受伤的也不在少数。更严重的是，女孩一旦被播种了这样的“不幸种子”，就会非常没有自信，遭受暴力后只能被动接受，使自己的身心都受到伤害。所以，请父母一定要在女孩还小的时候就种下很多不要伤害自己的“种子”。

1. 和家人一边吃饭，一边聊天

对于容易出现厌食症或暴饮暴食等问题的女孩来说，一边吃饭，一边和家人聊天，是非常有意义的。因为吃饭时的气氛相对轻松，所以孩子容易向父母吐露心声，父母在这个过程中就可以了解孩子的所思所想，并帮助他们分析、解决问题。长此以往，这种对话对孩子的人生会产生非常大的影响。

一家人能经常围着餐桌聊天，这本身就是“幸福种子”。所以，父母们无论多忙，请保持一周至少三次全家人一起吃饭。

2. 正式地表扬或批评

在育儿过程中，会有很多表扬或批评孩子的场景，但是如果不能把表扬和批评的真意传达给孩子，一切就都是无效的。在表扬或批评孩子时有两点很重要：一是要明确地说出理由，二是要使用“妈妈”这样的第一人称做主语，比如：“你能自己起床了，妈妈很高兴。”“你撒谎了，所以妈妈很生气。”

在必须严厉批评孩子的时候，要看着孩子的眼睛，握着她的双手，这一点非常重要，因为你双手的温度会让孩子觉得虽然妈妈批评了我，但她还是爱我的，这种想法是“幸福种子”。

在必须严厉批评孩子的时候，要看着孩子的眼睛，

握着她的双手，让孩子感受到妈妈还是爱我的。

我还建议妈妈和女儿一起泡澡或洗澡，两个人一边互相擦背，一边聊着各自的小秘密，这会成为一种快乐的享受。我女儿虽然早已成年，但现在她还是会跟我一起泡澡。

3. 认可女孩直接地表达感受

如果总是跟孩子说：“你可是女孩啊……”“因为你是女孩……”却不去正面接受孩子气愤、悲伤、不安和开心这四种自然的情感表达，孩子长大了就会搞不清楚自己的情感，很可能生气的时候会哭泣，悲伤的时候却笑出来。

要让孩子能够清楚地表达情感，就一定要跟她共情并接受她的各种情绪，告诉她：“你很难过，妈妈知道。”“你生气也是正常的。”“妈妈理解你的担心。”同时，还要跟孩子说：“让我们一起来想想怎么办吧。”这么做能够在孩子的潜意识里种下“幸福种子”，能让孩子知道只要遵从自己的内心去感受就可以了，真实地表达自己的情绪，所有的事情都会得到解决。

4. 保护女孩不遭受性侵、怀孕和传染病

女孩比男孩更容易被卷入性犯罪，相应地，她们怀孕、堕胎以及得传染病的可能性也非常高。因此，提早告诉女孩这些危险的存在，并告诉她们如何防范是非常有必要的。

当有不认识的男人向你问路，或者说“爸爸妈妈让我来开车接你”的时候，该怎么办呢？要提前教给孩子对策，比如，大声喊叫，跑到附近的住户家里，或者随身携带能够击退色狼的工具。还要教给孩子一些性知识，比如，告诉孩子：“真正珍

惜你的男孩子是不会强迫你亲他或者跟他发生性关系的。”

看到这里，可能有人会觉得不至于这么夸张吧，但是我的想法是夸张一点很有必要，因为这些保护自己的知识都会成为女孩子的“幸福种子”。这是非常重要的事，请您一定要提前教给女儿。

5. 给女孩说“不”的勇气

女孩的同理心和协调性比男孩发展得要早，所以如果有人强迫她做她不喜欢的事情，女孩会有难以拒绝的倾向。所以，请您一定要告诉孩子，在面对不喜欢的事或不喜欢的人时，要坚决地说“不”，在女孩的潜意识里种下这颗保护自己身心的“幸福种子”。

在日常生活中就要让女儿看到父母正面拒绝的做法，比如，可以说：“这我很难办，只能拒绝了。”“对不起，那天我去不了。”

6. 让女孩感受到成为母亲的幸福

如果妈妈在日常生活中能告诉女儿自己作为女性的喜悦和结婚后的幸福，就可以在孩子的潜意识里种下“幸福种子”，孩子会觉得自己是女孩真好，结婚也是一件幸福的事儿。

如果妈妈还能告诉孩子，“我能做你的母亲是人生中最幸福的事”，就又可以种下另一颗“幸福种子”，孩子会觉得自己存在本身就是有价值的。

7. 不伤害自己的“种子”

请父母在日常交流中悄悄地在女孩的潜意识里种下不伤害自己的“种子”吧。比如，“啊，肩膀好疼，小肩膀在说：帮我揉揉吧。”“妈妈有你这个女儿真是太幸福了。”“爸爸妈妈在你出生的时候高兴得都哭了。”

为孩子种下很多自我认同的“种子”是非常重要的，让孩子知道自己的存在对父母来说是一件幸福的事，只要活着就是有价值的，这样女孩才能学会爱自己，进而成为能够超越一切悲伤和痛苦的人。

孕育“自我保护的种子”的两个“如果”

在生活中经常假设场景，向孩子提问，能够影响孩子的潜意识。在这个过程中的亲子对话也能够增进亲子关系。我们可以通过两个“如果”来提问，悄悄地在女孩的潜意识里种下“自我保护的种子”。

1. 如果可以在不引起任何人注意的前提下和别人交换长相和身体，你会交换吗？你会和谁交换呢？

通过这个问题，我们可以判断出孩子是如何看待自己的外在的。

如果她马上就回答“我想跟某某人换”，那说明她平时一直

通过向孩子提问：“你会和别人交换长相和身体吗?”
判断孩子是如何看待自己的外在的。

很关注这方面的问题。如果她思考了一会儿回答"那我和某某偶像换吧。"你可以回答："哦，但是妈妈更喜欢加奈的长相和身材。"这样回答可以帮助孩子种下"自信种子"。如果孩子觉得这个问题很难回答，妈妈就可以说出自己的真实想法："如果是妈妈……"这样两个人就找到了共同话题，可以一起聊一聊。如果孩子回答："我不跟任何人换。"妈妈就可以略带幽默地说："谢谢你能这么回答，原来妈妈生下了一个这么美丽，身材这么好，又自信的女儿！"

2. 如果神仙说能够送给你一个能力而且只能送一个，你想要什么能力呢？

通过这个问题，我们可以了解女儿有什么烦恼，以及她想成为什么样的人。

如果孩子回答："我想有能治好任何病的能力。""我想有守护和平的能力。"那么，请妈妈真诚地表现出自己的感动，你可以回答"原来你这么有同情心，还有这么远大的目标，真了不起"。如果孩子回答说"我想学习好""我想体育更好"，妈妈就可以向女儿传递出"这些都是有可能实现的"信号，你可以回答"原来是这样啊，其实这些事情不拜托神仙也是能够实现的"。这样就在孩子的潜意识里种下了"幸福种子"，让孩子知道靠自己一定可以实现梦想。如果孩子回答"我想有魔法"，或者"我想有读心术"，妈妈就可以继续追问："你想要这些能力干什么呢？"然后，和孩子兴致勃勃地讨论下去。

通过提问，了解女儿的烦恼，以及她想成为什么样的人。

同时，引导她延伸思考，种下“想象力和思考的种子”。

以上这些对话内容，都会变成“想象力和思考力的种子”。

伤害女孩身心的“不幸种子”很容易悄悄地生根发芽

在做心理咨询师这近 20 年里，我了解了很多人的人生轨迹，让我震惊的是，厌食、割腕、堕胎、遭受家暴、被性侵犯等经常发生在女性身上，身心受到过侵害的女性真的非常多。通过调查我还发现，她们当中绝大多数人都是孩提时代在和父母相处的过程中在潜意识里被种下过“不幸种子”。

听了我这样的描述，有些读者可能以为她们的父母很坏，要么虐待孩子，要么根本不尽抚养义务，甚至犯下更大的错误，大到能占据报纸的一版或者上一些纪实类的节目，孩子在这样的家庭会非常可怜。

然而，事实并不是这样的。在这些女孩的内心种下“不幸种子”的父母，看上去和其他父母并没有什么不同，有些甚至是人们眼中负责任的父母，他们只是做了自己认为应该做的事，根本没有想过他们的那些“正常”行为，竟然会在 10 年后，甚至 20 年后伤害女儿的身心。

比起父母的那些“正常”行为，对孩子进行身体上和精神上的虐待，以及不尽抚养义务是更加直观且容易被他人发现的行为，福利机构、学校等第三方介入的可能性很大。

让女孩伤害自己的“不幸种子”不仅会让她们自己伤害自己，还会默许别人伤害自己。

29岁的恭子，和比她小两岁的男友同居。男友平时挺温柔的，但控制欲和嫉妒心特别强，因为一点小事儿就会发狂，发起狂来就会对恭子拳打脚踢，拽着她的头发打转，不把她打到奄奄一息不肯罢休。但是，恭子却一边摸着手腕上的伤痕，一边说：“他不能没有我，他保证以后一定会改的。”

原来，恭子的妈妈也经常被她大男子主义的爸爸以恶言恶语和霸道行为相待，只不过，她爸爸从来没有对她妈妈拳打脚踢过。所以，恭子从来没想过自己的母亲会成为家暴的受害者。

看着霸道的父亲和隐忍的母亲长大的恭子，潜意识里已经被种下了“不幸种子”，她觉得男人就应该有威慑力，女人就应该忍受。这里不得不提一下，恭子的父亲还是一位做到了小学校长位置的教育工作者。

后来经过很长时间，恭子才成功地挖掉了这颗“不幸种子”。现在她已经和一位很稳重的男士结了婚，成了一名幸福的母亲。

爸爸妈妈们，你们是多么幸运才得到一个像天使一样的女孩。所以，请一定要在女儿心中种下这颗好好保护自己的“幸福种子”。

第3颗『幸福种子』——

精神自立的种子

在女孩的潜意识里悄悄地种下“精神自立的种子”。“与其做讨好男人的可爱女人，或者照顾妈宝男的老婆，不如做一个不被别人牵着鼻子，走自己人生道路的女人。”这是我赠送给我的女儿和全世界所有女孩的箴言。为此，父母一定要给女孩种下“精神自立的种子”。

绝对不能种下的“不幸种子”

虽然想要找到“三高”，即“高学历、高收入、高个子”的男性的时代早就过去了，但是想要结婚的女性提出的条件跟以前差不多。比如，“年收入至少600万日元，让我能随心所欲地买喜欢的东西……”在这种情况下，虽然你找到了符合条件的男性，但是自己的幸福却取决于对方的心情和状况，这是多么让人忐忑不安的人生啊。

让我们好好看一看以下这些阻碍女孩精神独立的“不幸种子”，看看它们是怎么被悄悄地、深深地种在女孩的潜意识里的。

1. 总把孩子当作婴儿对待

“天气冷，把外套穿上。”“这个很好吃吧？”“我来跟你的老师说好不好？”“危险，不能做。”“爸爸帮你做。”“果然跟妈妈说的一样吧。”这些都是绫香的爸爸妈妈经常对她说的话，他们真的对他们的独生女宠爱有加，哪怕一点点小事也要干涉。

父母总是围着孩子转，不管什么事都要帮助孩子完成，这样会在孩子的潜意识里种下“不幸种子”，孩子会认为与其按自己的心情和想法做决定，不如让别人帮自己做决定。

当孩子长大后，一旦没有人为她做决定，她就会非常不安，也不会对自己的感情、想法和行动负责，严重的甚至会出现厌食、拒绝上学等现象。她们天天宅在家里，抵触和其他人交往，这对于孩子的成长极其不利。

2. 妈妈的表现幼稚、不成熟

直美的妈妈总说：“不要叫我妈妈，叫我理惠。”妈妈还总和直美一起逛街、买衣服，热热闹闹地讨论流行偶像的八卦。周围的人总会说：“真好啊，你们根本不像母女，而是像姐妹一样。”

与女儿一起做她喜欢的事，谈论她喜欢的话题，是很好的相处方式，但妈妈绝对不能在女儿面前表现出自己的幼稚和不成熟，这会在孩子的潜意识里种下“不幸种子”，让孩子以为即使长大成人了也可以保持幼稚的状态。更严重的情况是，妈妈自己还没成熟，把女儿当作姐姐或者妈妈一样来依靠，这更加会在孩子的潜意识里种下“不幸种子”，让孩子觉得对于妈妈这样的人，我只要尽力去照顾，就会得到她的认同。这些孩子长大后往往会沉溺于年轻、可爱的状态，总会被什么都不行的男人吸引，然后去照顾他。

3. 把父母的感情问题归咎于孩子

雪子的爸爸只要一喝酒就会发脾气，并且大声地骂雪子：

在女儿面前，妈妈经常表现出自己的幼稚和不成熟，

会让女儿认为长大成人也可以保持幼稚状态。

“你为什么不能再努力点儿学习！”每当这时，雪子的妈妈就会一脸难过，一边哭一边跟爸爸道歉：“雪子已经很努力了。”

不能控制自己情绪的父母有了类似的行为，就相当于把责任推给孩子，让孩子觉得是自己把父母惹怒了，或者自己给父母添麻烦了，在孩子的潜意识里就会种下“不幸种子”，孩子觉得是自己没做好，周围的人才会生气、难过。这样，当孩子长大成人后，就会看他人脸色过活，过于在乎别人的情绪，担心自己把别人惹生气了或弄难过了。

4. 把孩子当成小公主

麻衣的爸爸总是说：“麻衣是爸爸的小公主。”麻衣的妈妈也总是说：“麻衣是妈妈的骄傲。”

如果父母总是过度赞扬女儿漂亮的容颜和优秀的成绩，或者对待女儿就像对待公主一样俯首帖耳，就会在孩子的潜意识里种下“不幸种子”，让孩子觉得自己特别优秀，别人都会来奉承自己。当孩子长大之后，也会非常傲慢、自负，成为挫败感、嫉妒心特别强的人，而且这些孩子遇到失败还经常把责任转嫁到别人身上。

5. 只希望孩子顺从，不让孩子有自己的主张

奈美子是个非常听话的好孩子，绝对不会跟大人顶嘴，因为一旦她顶嘴了，爸爸就会说：“你一个女孩子家，别自不量力啊。”妈妈也会说：“小孩子别说话！”

父母一味地宠溺孩子，会让孩子变得傲慢、自大，成为挫败感、嫉妒心特别强的人。

如果父母以"你是女孩"或者"有点儿女孩的样子"为理由不听孩子的意见，或者不让孩子伸张自己的主张，就会在孩子的潜意识里种下"不幸种子"，孩子会觉得我的想法和意见无所谓，我还是尽量不要思考了。这样的孩子长大以后很难找到自信，而且对任何事情都很消极，在她们心底会隐藏着对不讲道理的人的愤怒，所以很容易突然发怒，甚至攻击他人。

6. 把孩子当作自己的替身

里美的妈妈小时候的梦想就是成为世界顶级小提琴演奏家，但是她没能念音乐学院，最后不得不伤心地放弃梦想。所以，她让里美很小就开始学小提琴，无论有什么事情，每天都必须练琴两个小时。

母亲把女儿当成自己的替身，让孩子肩负起自己没能实现的梦想和憧憬，就会在孩子的潜意识里种下"不幸种子"，孩子会认为我只是替身，不是自己人生的主角，对父母有用才是我的使命。这样，会让孩子觉得母亲的梦想就是自己的梦想，会感谢父母竭尽全力地支持自己的梦想。但是，如果成人之后达不到预期目标，就会被无力感和绝望感深深地困扰，甚至患上抑郁症或其他心理疾病。

这一章分享的案例都是关于家长过度保护孩子或干涉孩子，以及家长表现得幼稚且任性的，他们在女孩的潜意识里种下了"不幸的种子"，让女孩不想在精神上自立。这些种子只会培养出软弱的女性，她们不擅长独立思考，无法独立做决定，不依赖别人就无法生存下去。

如果您发现在日常生活中有和以上案例一样的情况，那么请您一定要改变自己的言行，现在开始还不算晚。

7颗“精神自立的种子”

无论你毕业于多么好的大学，获得了多么好的工作，作为一个成熟女性，如果你精神上不能完全独立，就会一直被他人左右，面对人生的重大选择时，也只能让别人帮你做决定。

人活着不是为了取悦别人，也不是为了让别人给自己幸福，而是应该朝着自己给自己设定的能够获得幸福的方向生活下去，所以“精神自立的种子”是必不可少的。

1. 不要只关注孩子能否成为优等生，还要发展她的个性

重视教育的家长都会要求孩子一定要在学习、运动和爱好上都取得好成绩。女孩比男孩成熟得早，也更听话，她们更愿意付出努力，不辜负父母的期待，成为优等生。

成绩好的孩子确实能进入好大学，但并不是进入好大学，孩子就有了好未来。从某种程度上来说，培养孩子的兴趣和特长，从中发现孩子的独特性更为重要。因为只有这样，才能让孩子拥有梦想，意识到自己想做和能做的事情是什么。

所以，请父母一定要帮助孩子建立自信，经常对孩子说这

样的话，“悦子的这个特点很有趣”“小优的个性很棒”等。这些话语和鼓励都会在孩子的潜意识里种下“幸福种子”，让孩子知道不能仅仅做一个听话的好孩子，更重要的是充分发挥自己的个性。

2. 让孩子看到父母相濡以沫的人生

如果家庭生活中，爸爸、妈妈之间的关系不够和谐，女儿往往会有比较偏激的价值观；相反，如果爸爸、妈妈总是平等相待，相互扶持，在孩子的潜意识里就会种下“幸福种子”，她会觉得男女是平等的，应该互相帮助着生活下去。

生活中，我们总能见到这样的搭配，霸道的爸爸和委曲求全的妈妈以及靠不住的爸爸和什么都自己扛的妈妈。如果您意识到自己的夫妻关系与这两种中的一种类似，那么请你们夫妇俩一定要好好谈一谈，改变一下家庭关系中的不平衡状态。

3. 每天都让孩子做一些选择

如果什么事情都不让孩子做决定，父母全都包办，女儿有很大可能会成为无法自己做决定的人。所以，请每天给您的女儿提供一些自己做选择的机会。比如：“今天要带着雨伞去学校吗?”“今天穿牛仔裤还是短裤?”“你自己选衣服吧。”

当然，女儿很可能会因为没带雨伞而被淋成落汤鸡，或者穿着短裤受冻，但是这真的没关系。在几次这样的经历后，孩子的潜意识里才会有“幸福种子”，孩子才会知道要自己做选择，失败了也没关系，下次注意就好了。所以，请让您的女儿

让孩子学会选择，成为能够独立思考的人。

尝试着每天都做一些选择，哪怕只是很小的事情。

4. 让孩子养成独立思考的习惯

家长在跟孩子交流的过程中，一定要多问孩子：“你觉得怎么样？”比如，你们一起看电视的时候，你可以问她：“对于那个人说的话，你怎么看？”“事情怎么会变成这样，你是怎么看待这件事情的？”切记，一定要尊重孩子的想法，不要一味否定。孩子的这些想法会变成“幸福种子”，孩子由此会意识到自己的想法很重要，如果不好好思考，是无法给出好的答案的。

还有一点需要注意：一定不要插手孩子的作业。如果她一个人实在做不出来，可以给她一些提示，重要的是，要让孩子觉得是她自己通过努力做到的。这样就可以在孩子的潜意识里种下“幸福种子”，让她知道即使很难的事，只要努力就能做到。

5. 告诉孩子聪明是件好事

“女孩顺从、不提出自己的主张，别人会更喜欢。”“女孩太优秀了会被别人讨厌。”如果现在还有人说这样的话，绝对会被更多的人反驳。作为家长，绝对不要把这样的想法传递给女儿。

女孩应该能够表达自己的意见，提出好的想法，取得好的成绩。请您这样跟孩子说：“刚才你说了自己的意见，爸爸为此感到高兴，你真的很用心。”“你竟然能想出这么好的办法，妈妈真的佩服你。”“比上次提高了这么多分，你果然没有白努力。”这些语言都会成为“幸福种子”，会让孩子知道，把自己的能力最大限度地发挥出来是一件非常棒的事。

6. 培养孩子的责任感

随着孩子年龄的增长来扩大孩子自己做决定的范围，以及承担更多的家庭责任是非常重要的。这样做的一个最重要的前提是，即使孩子失败了，也绝不能对她发脾气，让她自己去体会结果就可以了。尤其是在父母已经预见到孩子的决定和选择不会很顺利时，只要不会伤害到孩子，不会伤害他人的身心，父母还是应该尽量让她自己去体验，如果最后还是失败了，你可以对她说：“啊，这样的结果是有点可惜，那下次你觉得应该怎么办呢?”这样做可以在孩子的潜意识里种下“幸福种子”，让她知道要对自己的决定负责，失败了不要紧，只要吸取经验就好了。

7. 精神自立的“语言种子”

请父母在日常交流中悄悄地在女孩的潜意识里种下做精神自立的“语言种子”。比如，你可以对女儿说：“我觉得你这一点做得真的很棒。”“活出自己的女人真的很酷。”“不管怎么说，女人还是要有一定的学历，并展现出知性美。”

现代女性，无论是工作、学习，还是生儿育女，都要由自己来选择和决定，不去取悦他人，多从自身的幸福考虑，兼具行动力，这些才是能让女孩活出自我，拥有不后悔的人生的最佳“伴侣”。

所以，请爸爸妈妈一定要从内心爱护并守护任性且不服输的女儿。

孕育“精神自立的种子”的两个“如果”

在生活中经常假设场景，向孩子提问，能够影响孩子的潜意识。在这个过程中的亲子对话也能够增进亲子关系。我们可以通过两个“如果”来提问，悄悄地在女孩的潜意识里种下“精神自立的种子”。

1. 如果有一种像牙膏一样的药，可以让人不生病活到100岁，药的味道还可以根据个人的喜好进行设置，但是一旦你选择了它，就不能吃别的东西，这时你会怎么办呢？

这个问题实际上问的是“你是要选择长寿的保障，还是享受美食的乐趣”，它可以引导孩子思考“为了更好的将来应该如何选择”。

如果孩子选择牙膏，那父母可以问：“活到100岁可以做很多事情，如果你能做两份工作，你想做什么呢？”这样继续引导孩子思考下去。父母也可以一本正经地说：“选哪个好呢……有了，要不把牙膏做成高级寿司的味道怎么样？”

2. 有两个人，一个人经常欺负猫狗和小鸟，另一个人为了自己国家的人民凌辱很多其他国家的人，如果让你从他们当中选一个人进行惩罚，你会选择谁呢？

这是一个难以回答的问题，不过有意提出这类没有正确答

通过关于“神奇的药”的提问，引导孩子思考“为了更好的将来应该如何选择”。

案的问题让孩子思考并回答，可以提升孩子的想象能力和思考能力，也能帮助孩子树立正确的伦理观。父母和孩子在一起讨论这个问题就是在播种“幸福种子”。

如果孩子回答：“凌辱别人的人肯定比欺负动物的人要坏啊。”那么你可以说：“是啊，不过动物也是一个个体啊。”如果孩子回答：“欺负猫狗和小鸟的人太坏了。”那么你可以回答：“但是那些被凌辱的人也非常可怜呀，面对强大的势力，他们也像猫狗和小鸟一样弱小。”通过这样一步步地引导，让孩子深入思考。

让孩子长大以后能做自己喜欢的事

因为工作的关系，我认识了很多结婚意愿很强的女性。对于结婚对象，她们真实的要求是收入高，能让自己想做什么就做什么，喜欢做家务和带孩子，对自己的感情认真，而且绝对不会出轨。

我的女儿也处在适婚年龄，我听了以上这些想法不禁会担心，找这样的人恐怕非常难吧，就算有这样的人，也要想想，条件这么好的人会选什么样的女性呢?

在我看来，如果一个女性真的有自己喜欢做的事情，那么与其等着婚后再做，不如当下就着手去做。说是找一个“能够支持自己实现梦想的人”，这当中多少带着“能从经济上支持自

通过向孩子提出有关生死的问题，提升孩子的想象能力和思考能力，帮助孩子树立正确的伦理观。

己实现梦想”的意思吧，感觉她们把结婚对象当成了自己的父母，或者说是援助者。

靠自己去实现梦想，时间和金钱都不够，所以和有能力并能理解自己的男性结婚，安心地去追求梦想，这可能是一部分想要结婚的女性的真实想法。现实生活中，确实有女性通过这样的方法实现了自己的梦想，但我觉得那多半是依靠丈夫的能力实现的，算不上自己实现了梦想，而且这些梦想极不确定，很可能马上就会变成泡影。

很多女性都憧憬电影《灰姑娘》和《风月俏佳人》里的生活，但是请大家思考一下：灰姑娘之后的生活真的会很幸福吗？妓女薇薇安改头换面后与精英实业家的感情真的稳固吗？如何保证精英实业家不会离开薇薇安去另寻新欢？

这样反复地想一想，我觉得还是磨炼自己的意志，提升自身实力，自己成为有钱人，去过想要的生活，才更有效率，也更靠得住。

确定自己的梦想，思考怎么做才能实现梦想，并放手去做，失败了，改变方法继续尝试，这才是通往成功的最简单的方法。请父母一定要帮助您的女儿成为能够放手去做自己喜欢的事情的女性。

第4颗『幸福种子』——健康友谊的种子

在女孩的潜意识里悄悄地种下"健康友谊的种子"，女孩的世界其实是很严酷的，昨天的朋友可能是今天的敌人，被好友排斥都是轮着来的，有一句话没说对，或者表现出了得意忘形的态度，就会招来对方的攻击。

女孩们都喜欢说："我只告诉你……"背地里却说别人的坏话，讨论别人的八卦，甚至中伤他人，对他人的不幸暗自庆幸。女人的世界真的就是战场，让我们给女孩种下不欺负人、也不被人欺负的"健康友谊的种子"吧。

绝对不能种下的“不幸种子”

女孩的世界和男孩的世界是有区别的。一般来说，男孩的所作所为都是对外的，所以欺凌也更容易被发现，而女孩的所作所为都是对内的，欺凌也会被隐藏起来。

等孩子上了小学高年级，会有越来越多的女孩为了不让父母担心，或者不想让父母知道自己被别人欺负，在家的时候会装作什么都没有发生的样子。但是等事情发展到不可挽回的地步，父母才了解事情的真相，才知道自己的孩子心里藏着这么多事，那就太晚了。

招致这样的恶果的“不幸种子”是怎么被种在女孩的潜意识里的呢?

1. 父母总是吵架

夏美的爸爸妈妈总是吵架，夏美觉得肯定是因为爸爸有外遇了，因为妈妈总是说：“你爸爸公司的某某又给你爸爸发短信了，我还以为会是年轻点儿的呢，竟然是那种女人!”

如果父母总是争吵，就会给孩子种下“不幸种子”，让孩

如果女孩儿经常看到妈妈的嫉妒情绪，她会非常担心自己的东西被抢走，也很容易把亲密的朋友变成敌人。

子觉得不管多么亲密的关系，人与人之间都会有争执。如果女孩看到了妈妈的嫉妒，就会被种下另一颗“不幸种子”，她会担心一旦疏忽就被别人把重要的东西抢走。长大以后，这样的女孩会很容易把亲密的朋友当成敌人，在感觉自己受到威胁或者重要的东西被人盯上的时候，就会攻击对方。

2. 父母很不喜欢女儿太柔弱，或者过度要求女儿像个女孩

琴乃的妈妈很不喜欢女孩子太过柔弱，她总说：“动不动就哭哭啼啼、柔柔弱弱的女孩子真不招人喜欢。”咲子的妈妈特别喜欢女孩子气的孩子，她总说：“咲子真是又可爱又娇小，真是个讨人喜欢的女孩子。”

如果父母讨厌很柔弱的女孩子，那么孩子长大了也会很反感特别女人的动作、态度和服装；也有一些父母会把女孩打扮得出奇的可爱和华丽，以至于引起旁人的疑问。这两种女孩长大后，很有可能互相讨厌。

3. 父母总是说别人坏话

佳代子的爸爸妈妈总是说别人坏话，比如：“邻居家的妈妈看着就让人生气。”“某某人真是讨厌。”“我跟你说，某某……”

如果父母总是说别人坏话，就会在孩子的潜意识里种下“不幸种子”，让孩子认为人就是要互相说坏话的，每个人都有不好的地方，说别人坏话挺让人开心的。在以后和好朋友相处的时候，孩子就会和好朋友一起说别人坏话，通过分享别人的秘密或建立共同的敌人来增进朋友间的亲密度。

4. 父母对孩子过于呵护或者完全不呵护

真澄的妈妈为了不让真澄难过或受累，一直非常小心地保护着她；优子的妈妈工作非常忙，所以优子总是一个人孤零零的。

被父母过度呵护的孩子抗压能力是很差的，而且沟通能力和竞争能力也很差，经常会成为被欺凌的对象；相反，被呵护少的孩子会很嫉妒总是能得到父母的爱的孩子，所以有欺凌他人的倾向。

5. 父母总是将自己的女儿和其他孩子比较

诗织的妈妈在诗织考试没有得满分的时候总会问：“你为什么不能考满分呢？告诉我有多少人考了 100 分？”如果诗织在发表会上没被选做代表，她就会问：“为什么你会输给别的孩子呢？”而且经常会把“一定不能输给某某啊”“你就这样下去的话，马上就会被某某超过的”这样的话挂在嘴边。

如果父母强迫孩子和她的朋友竞争，就会在孩子的潜意识里种下“不幸种子”，让孩子认为周围的孩子都是自己的敌人，我不能和他们一样。久而久之，他们在夸奖别人或者认同别人时就会有自己输了的感觉，为了让自己和别人不一样会特意做一些与众不同的事。这些孩子的嫉妒心理和敌对心理一般都很强，总是争强好胜，经常会被他人孤立。

6. 妈妈经常当面一套背后一套

淳美的妈妈和优花的妈妈聊天的时候总是说优花的好，和其他妈妈聊天的时候却经常说优花的坏话；她在奶奶面前总是笑容满面，背地里却经常和朋友说奶奶的不好。

父母要是经常当面一套背后一套，就会在孩子的潜意识里种下“不幸种子”，让孩子认为人都是表里不一的，表面上笑容满面，背后却满是邪恶。这样的孩子将来会因为无法信任他人而戴着面具过活或经常背地里暗自盘算，成为一个表里不一的人。到头来以为自己比别人聪明，结果却被人讨厌、排斥。

7. 父母不反思自己，也不教孩子反思

如果智子在学校有什么不高兴的事，智子的妈妈就会一副生气或担心的表情说，“这不是你的错，是老师的错”或者“那个孩子对你说什么了，一定是她做了让你不高兴的事了”。

如果父母总是把责任转嫁给他人，不能引导孩子客观地反思自己，就会在孩子的潜意识里种下“不幸种子”，让她觉得不对的都是周围的人和环境，我是牺牲者。一旦孩子和朋友吵架或是被朋友讨厌时，只会一味地觉得全是对方欺负自己。这样事态就会恶化，甚至变成真的欺凌或被朋友孤立。

都说孩子是父母的镜子，尤其是女孩，女孩会从妈妈身上学会如何与周围的人相处。如果在与别人相处时，妈妈总是不能以诚相待，在孩子潜意识里就会种下无法相信别人、无法和人坦诚交流的“种子”。这也是女性之间硝烟不断的原因。

父母表里不一的表现，会让孩子觉得人

就是这样的，她们也因此无法信任他人。

7颗“健康友谊的种子”

女孩的世界有其独特的规则，而且这些规则也不是一成不变的，如果不能很好地追随时代的潮流，就很有可能被欺凌、被无视，甚至毫无容身之处。对女孩子来说，被团体排斥就意味着失去了容身之处，甚至连学校也成了战场。这是一场没有硝烟的战争。

为了在女性战场上生存下去，必须要培养孩子的灵活性、沟通能力，还要让她们拥有强大的内心。

1. 让孩子有说“不”的勇气

别人让你做不喜欢的事，或者强迫你做什么事的时候，如果你都顺从了，对方就会越发地欺负你，久而久之，你会变成所有人欺负的对象。如果父母总是压制孩子，不让孩子说出自己的理由和主张，孩子长大以后就会成为一个不会说“不”的女孩。

请父母给孩子一些表达喜好和厌恶的机会，如果她们很清楚地说出了自己的想法，一定要表扬她。如果电视里播放了因为被欺凌而自杀的新闻，您可以这样跟孩子说：“这个人一定被迫做了很多自己不想做的事，要是你的话，你会怎么办?”这样的提问是非常重要的。另外，还可以让孩子偶尔练习一下大声说“讨厌”和“停下”。

2. 告诉孩子独处也没什么

对女孩子来说，被团体孤立就等同于被当面羞辱，女孩团体经常会通过驱逐某位成员来加强团结。这种驱逐可以说是按顺序来的，所以一天不小心都不行。

如果妈妈自己曾经有过这样的经历，她就会尽力让自己的女儿不被团体排斥。在这种情况下妈妈要注意，孩子很有可能会有“不属于任何一个团体是一种耻辱”的想法。

如果妈妈能在潜移默化中让孩子知道“能自己一个人去厕所，享受一个人的时光的女性是很棒的”“一个人也 OK”，就可以在孩子的潜意识里种下“幸福种子”。这样，当孩子在班级里被孤立了或者被团体排斥了，就会主动告诉家长，就算一个人，也可以无所畏惧地去上学。拥有这样性格的孩子不容易遭受欺凌。

3. 不让孩子受到欺凌，必要时为孩子改变环境

如果家长已经明确知道孩子受到了欺凌，千万不能让孩子忍着，或者对孩子说：“你也有不对的地方。”因为可能孩子身上确实有不对的地方，但这样做是在被欺凌的孩子伤口上撒盐，让孩子无处吐露心声。

父母首先应该跟孩子感同身受，好好谈一谈，有必要的话还应该向学校、教育委员会、信用调查所咨询。同时，一定要告诉孩子，无论如何父母都会保护她。如果通过学校和教育委

让孩子知道，即使被孤立或排斥了，

也要无所畏惧地去上学，享受一个人的时光。

员会问题还是没能得到解决，父母就要考虑给孩子转学或搬家了。

4. 不错过孩子的任何变化

要在女孩子的战争中保护好自己的女儿，首先要做的就是仔细观察，尤其是孩子从学校回来时的表情和态度。如果感觉不对，一定不要有任何顾虑，马上问孩子：“你怎么了？有什么事情吗？”这样的问话会成为“幸福种子”，能够防止情况进一步恶化。

在孩子读小学高年级到初中这段时间，尽量保证父母中有一个人每天都能迎接从学校回来的孩子。

5. 让孩子知道可以向父母求助

随着年龄的增长，在向父母寻求帮助时，孩子会越来越难以启齿。但问题是，年龄越大，孩子遇到的问题和烦恼会越多。

“我不想让父母操心”“我讨厌被父母说”“我不好意思让父母知道”“我不想让父母失望”，正因为有这些想法，很多孩子不管在外面遇到什么事，回家后都会装作很开朗的样子，这其实是非常危险的。

家长一旦感觉到孩子可能受到欺凌了，可以跟孩子分享自己的经历，告诉她：“妈妈小时候也被人这样欺负过，但是我因为不好意思，没能对爸爸妈妈说，我就一直自己忍受着，真的很难过。”还可以跟孩子发发牢骚，说：“爸爸现在在公司好像被同事排挤了，我不想去上班了。”

这会在孩子的潜意识里种下“幸福种子”，孩子就知道说泄气话是可以的，被人欺负了也不是什么不好意思的事。父母偶尔编个故事也行，总之要先种下这颗种子，这样孩子就更容易寻求父母的帮助了。

6. 教孩子说“真心话”和“客套话”

父母总是跟孩子说一些理想论调，比如，“你要和大家好好相处”“你要学会体贴别人”“绝对不许欺负别人”等，可是现实生活中，孩子无法将人际关系处理得那么完美。所以要告诉孩子，哪些情况下要学会说“真心话”，哪些情况下要学会说“客套话”。

7. 健康友谊的“语言种子”

请父母在日常交流中悄悄地在女孩的潜意识里种下健康友谊的“语言种子”吧。比如：“并不是每个人都很和善，也不是每个孩子都是好孩子，所以想要和每个人都相处得好大概是不可能的。”“妈妈小时候也会有干某件事情坚持不下去的时候，但后来我知道情况一定会变好的。”“如果你对别人受欺负视而不见，欺负人的人可能觉得你也很好欺负，假如你能说出‘你们这样不对！我喜欢某某’是最好的，但是有的时候很难这么坚定地说出自己的想法啊！”“说谎不对，但有时为了不伤害别人，也是没办法的。”“就算你做了坏事，就算你软弱、不争气，爸爸和妈妈还是会一直守护着你。”

很多人都以为女人的战场就是她身处的环境，其实这跟每个人的情况关系密切。很可能对某个孩子来说，她身处的环境就是战场，但对另一个孩子来说，她身处的环境只是通向未来路上的一个未停泊的站点。所以，父母要教会孩子像后一个孩子那样顺利、灵活地通过每一个站点，同时要告诉孩子，做好失败的思想准备，无论发生什么，父母都会坚决地守护她。

孕育“健康友谊的种子”的两个“如果”

在生活中经常假设场景，向孩子提问，能够影响孩子的潜意识。在这个过程中的亲子对话也能够增进亲子关系。我们可以通过两个“如果”来提问，悄悄地在女孩的潜意识里种下“健康友谊的种子”。

1. 如果能够神不知鬼不觉地把人弄疼，那么你会把谁弄疼呢?

这个问题有点恐怖。不过对于小学低年级的孩子来说，应该能问出她们心里的想法。

如果孩子说出了某某的名字，父母可以继续问问：“为什么是某某呢?”这里需要注意的是，一定要若无其事地问，说不定可以通过这个问题了解到孩子被欺凌的实际情况或欺凌别人的事实；如果父母在问的时候一脸严肃，孩子就很可能会蒙混过去。

通过询问孩子可能的欺凌对象，

了解孩子被欺凌的实际情况或欺凌别人的事实。

问过孩子理由之后，父母可以说：“是这样啊，确实会有这种情绪。让人痛苦总是不好的，还是想想其他办法吧。”告诉孩子还有其他选择和解决方法，是在她的潜意识里种下了“幸福种子”。

2. 如果有两种人，一种人智商、长相和风格都很出众，但一个朋友也没有；另一种人智商、长相和风格稍稍逊色，但有很多朋友，你会选择成为哪一种呢？

通过这个问题，父母可以了解孩子的现状、烦恼和价值观。

如果她马上就回答“如果能有很多朋友就好了”，那说明她现在正在为朋友的事情烦恼。这种情况下，父母可以回答：“是啊，有很多朋友确实不错，但是妈妈也想智商、长相和风格都出众，这真有点纠结。”然后，可以继续问孩子想有很多朋友的原因，如果孩子正因为朋友的事情而烦恼或者被排斥了，父母可以回答：“那可太不好受了，我们一起来想想办法吧。如果你同意的话，我们可以考虑搬家或者转学。”这样可以让孩子安心，让她觉得未来还是有很多可能性的。

小小的勇气是女孩在女性战场存活的大大的武器

幸运的是，不知道是因为我总是大大咧咧，还是因为我没

通过询问孩子希望与什么样的人交朋友，

了解孩子的现状、烦恼和价值观。

什么值得让人嫉妒的地方，从小到大我几乎没有过被女性欺负的经历。但即使这样，我也仍然很清楚地记得一件事。

那是我上初中二年级的时候，班里的女同学都分成了不同的小团体，我的团体是由我、Y 和 H 三个人组成的。Y 是一个很受男生欢迎的可爱女生，H 是体育全能生。

有一天，在回家的路上，我很偶然地遇到了 H 喜欢的、高我们一级的男生，于是就一起回家了。第二天上学，Y 和 H 都不跟我说话了。困惑的我想要解除误会，可是她们完全不理我，从那以后我就被孤立了。过了几天，班上的女同学一个一个都不跟我说话了，我真是又愤怒又委屈。

我不好意思跟妈妈说，于是在家里就装作什么都没发生过。但是，在班里无处容身的我开始讨厌上学。

有一天课间我去上厕所，听到了在我后面进来的 Y 和 H 说话的声音，我没办法从厕所里出来，她们两个并不知道我在厕所里，她们问另外几个还跟我说话的女同学："喂，你们是喜欢日出美吗？" S 直截了当地说："嗯，我喜欢她，日出美挺好的啊，她从来不说别人坏话。"听了她的话，其他女同学也都跟着说："是啊，日出美挺好的。" Y 和 H 哼了一声，就从厕所出去了。

在这种情况下我确实不能马上就从厕所出来，但我的内心充满了温暖。女同学们对我的不理不睬很快就结束了，Y 和 H 来向我道歉，但我没有原谅她们，直到毕业我也没有再跟她们俩说一句话。

后来，我和S一直关系很好，高中毕业时，我对她说：“那时谢谢你了，我真的很高兴。”但是S却说：“哎，什么时候的事儿？”她已经完全不记得了。

至今，我还是很感激S的勇气，我打心眼儿里佩服她。一个初中二年级的女生，能独自一个人正面面对班级里有势力的女生，真的不是谁都能做到的事。从那以后我一直以S为榜样，后来，我还把这件事告诉了我女儿。

一个朋友的一句话就能变成在“健康友谊的种子”，我真心希望这样有勇气的女孩越来越多。

第5颗『幸福种子』——

坚韧勇敢的种子

在女孩的潜意识里悄悄地种下“坚韧勇敢的种子”。钢铁虽然很坚硬，但是受到巨大的冲击还是会折断；柳枝虽然很细，在风吹雨打中摇摇摆摆，但是风雨过后马上就能变直，恢复原来的样子。柳枝的柔韧和坚强会成为女孩幸福生活下去的力量源泉。

绝对不能种下的“不幸种子”

没有人不盼望人生是幸福且安稳的，但是人生本来就不会一马平川，路上总是充满颠簸。有顺利的时候，也有不顺利的时候，这才是人生。既然是这样，知道如何度过不顺利的阶段的人才是强大的。

为了不让女儿成为遇到人生障碍就屈服的人，父母应该充分了解自己的哪些行为会给孩子种下“不幸种子”。

1. 不敢说自己的不安和真实想法

奈奈子说：“明天有体育课，我不想去上学了。”一听她的话，爸爸就教训道：“体育多有意思啊，你别不知足啊。”奈奈子的妈妈也说：“上学就是每个孩子的工作。”

如果父母不倾听孩子的不安和心声，明明知道问题的存在，却装作没看见，孩子的潜意识里就会种下“不幸种子”，她会觉得即使出现了问题只要装作没看见就行了，千万不能说抱怨的话。等孩子长大成人，非常容易否定问题的存在，即使承认了问题的存在，解决问题的能力也会非常差。更严重的是，有些孩子面对接二连三的问题疲于应付，导致身体出了问题，长期生病却无法找到病因，迟迟无法恢复正常的学习、生活。

2. 因为是女孩，所以不让孩子知道世上的丑恶

“你是女孩，不能做那么危险的事。”“以后别和那么粗鲁的孩子一起玩儿了。”“有点儿热，你换件衣服吧。”爱理的妈妈不管什么事都要发号施令。

对孩子过度保护和过度担心的父母会在孩子的潜意识里种下“不幸种子”，让孩子觉得女人是弱者，如果没有人保护是活不下去的。等她们长大之后，要么依赖男性或父母，要么会对比自己强的人言听计从。她们的思考能力和面对现实的能力都很差，有了一点压力就会受不了，更可悲的是她们没有发现自我和活出自我的能力。

3. 有一个容易歇斯底里的妈妈

百合子的妈妈在希望爸爸做什么的时候，总是又发脾气又哭闹，希望通过大吵大闹来表达自己的需求，她会说：“你太过分了！真是的，我再也受不了了！”

总是看着妈妈又哭又嚷地表达自己的需求，孩子的潜意识里就会种下“不幸种子”，孩子会认为在想要什么的时候，哭着嚷着会更快得到。长大以后，孩子就会在需要帮助或感觉到压力时发脾气或大哭，以此来实现自己的愿望。如果这样还是不能实现自己的要求，干脆就跟对方断绝关系。

总是看着妈妈又哭又嚷地表达自己的需求，孩子会认为这种方法很有效，也会通过发脾气来实现自己的愿望。

如果总是这样折腾身边的人，不仅得不到别人的信任，也会因此错过很多机会，当然也就很难得到真正的幸福了。

4. 父母总是拿女孩子和她的哥哥、弟弟或者朋友来比较

珠美的妈妈经常对珠美冷冰冰地说：“你哥哥成绩倒是好得很，唉，没办法，你是个女孩。”“你就不能跟你哥哥多学学吗？”

如果父母总是拿女孩子和她的哥哥、弟弟或朋友比较，就会在孩子的潜意识里种下“不幸种子”，让孩子觉得自己是女孩，所以不行，自己是做不好事情的。孩子还会因此变得敏感，觉得别人会因为一点小事就看不起她，从而卑躬屈膝，嫉妒、憎恨别人。

她们也很容易有过重的竞争心理，或猜忌心理，经常拿别人和自己比较，一旦做事不顺利就完全放弃。

5. 父母总是要求孩子听话、顺从，保持纯真

真知子的爸爸妈妈总是在她噘嘴或者发怒的时候说：“女孩子生气就会变丑，你要一直保持微笑才行。”但真知子哭的时候，爸爸妈妈又会说：“真可怜，你怎么了？”

如果父母总是对孩子说“女孩子不能发怒只能哭，女孩子要温柔、顺从，还要配合别人”，就会在孩子的潜意识里种下“不幸种子”，让孩子认为女人在感觉到压力时只要哭哭啼啼就会有人同情，不管什么人，只要顺从对方，对方就会喜欢自己。这样的孩子即使长大了，遇到问题时还是会先哭一通，以博得别人的同情，她们还希望所有人都开心，从而给自己施加很大的压力。

6. 父母总是要求孩子做到完美

文菜美的妈妈总是把成绩放在第一位，认为只有成绩好才能有好的未来。当然，妈妈还要求文菜美不能仅仅学习好，还要求她体育、音乐和手工得第一名，所以文菜美上了很多兴趣班，而且总是非常努力。

人是不可能在所有方面都做到完美的，明明知道这个道理，还是让孩子不顾一切地追求完美，争得第一，一旦失败了，孩子就会遭受特别大的挫折，被巨大的屈辱感和绝望感笼罩，甚至无法从打击中抽离出来。

7. 父母不对孩子表达爱

节子的爸爸妈妈工作很忙，所以平时都是奶奶照顾她。休息日爸爸就是在家睡觉，妈妈做家务，总是很累，经常唉声叹气。

如果父母基本不照顾孩子，就会在孩子的潜意识里种下“不幸种子”，孩子会觉得自己没有存在的价值。但她还是会通过帮助别人来证明自己存在的意义，不过一旦遇到不顺利的事情，马上就会很沮丧，甚至消沉到希望自己消失的程度。

强迫孩子适应周围的环境，过度保护孩子，或者让孩子过度学习，都会让孩子很容易因为小事受到打击。这样的孩子承受不了压力，也不擅长控制自己的情绪，反而很容易被消极情绪控制，也有可能将内心的愤怒和悲伤突然爆发出来，让周围人震惊，甚至引发更大的问题。所以，请爸爸妈妈一定要趁早把这颗“不幸种子”挖掉。

在日常生活中，过度保护孩子会让孩子
失去抗压能力，很容易因为小事受到打击。

7颗“坚韧勇敢的种子”

父母一定是最希望女儿获得幸福的人。以前的日本家庭都觉得女儿能嫁个好人家，生一个继承家业的儿子，被婆家重视，就是最大的幸福。但现在的情况是，“夫妻双方都工作是很正常的”“每三对夫妻就有一对离婚”“单身妈妈急剧增加”。所以，父母的教育方式也必须随之做出巨大改变。父母应该给予未来时代的女孩“坚韧勇敢的种子”。

1. 让孩子勇于挑战，勇于战胜失败

如果因为是女孩就害怕失败，不让孩子去挑战，那孩子就会成为很软弱的人，让女孩尝试失败也很重要，而且当孩子失败时，不要马上就去援助，要让孩子学会自己重新站起来。

父母可以引导孩子自己设定目标，你可以问孩子：“你上三年级之后想挑战什么呢?”“你想在一个学期之内完成哪些事情呢?”并且多多表扬孩子为了达到自己的目标而付出的努力。

代劳是没有用的，要让孩子不断地去挑战，如果失败了就先跟孩子共情，表达出很遗憾的心情，然后跟孩子一起思考哪里做得不好，接下来怎么改进。这些都是“幸福种子”，能让孩子知道失败也没什么大不了的，继续挑战就行了。

2. 让孩子看到父母从失败中站起来的样子

上面我说到“如果孩子失败了，父母要先跟她共情，然后

再一起思考接下来怎么改进”。在此基础上，可以趁机改变孩子对待事物的看法，这样做会有很好的效果。比如，你可以说：“也许一年以后你会说，‘我是因为那时失败了才能这么努力的’‘上次知道了那种方法不对，才有了我今天的成功’。”

另外，我还建议大家让孩子看到父母拼尽全力去挑战和失败后的样子，之后再让孩子看到父母重新振作起来的样子。“我还要继续努力。”“失败了可以尽情地发泄，因为只要再次振作起来就好了。”这些便是“幸福种子”。

3. 在挑战大的目标时要有三个以上的实施方案

很多人在失败的时候都会想：“我再也没有机会了。”但是如果还有其他选择，就还会抱有希望。因此，当要去实现大的目标时，应该准备三个以上的实施方案。例如，暑假想和朋友们去迪士尼乐园，可以通过做家务、跟奶奶要或者预支零用钱三种方法获得出游资金。

在设计实施方案时，父母不要直接告诉孩子，而应该问孩子：“你是怎么想的?”让孩子自己去思考，这一点非常重要。这样就可以在孩子的潜意识里种下“幸福种子”，让孩子知道有多个备选项才更容易成功，遇到困难是可以自己找到解决办法的。

4. 让孩子具有互助精神

人是不能一个人生活的，必须和其他人发生关联才能生活下去，所以在失败或者难过的时候，可以鼓起勇气对周围的人说“我需要帮助”，这是非常必要的。同时，在和他人相处时，即使自己有些损失，也要体谅他人的处境，高高兴兴地帮助他人，这一点也非常重要。因此，父母要让孩子看到自己把时间、金钱、精力用在家人以外的人和物上。

另外，父母自己很辛苦的时候可以向孩子求助，说：“妈妈现在真的很辛苦，你能给妈妈帮帮忙吗？”这些都会成为“幸福种子”，孩子会知道难过的时候可以请别人帮助自己，而且就算自己吃点亏，能帮助他人也是一件愉快的事。

5. 营造轻松的家庭氛围

如果父母特别严肃，不讲求变通，孩子就会成为内心总是紧绷，没什么闲情逸致的人。父母要尽量给家庭营造轻松的氛围，可以用调侃的方式跟孩子讲讲自己失败的经历。

在我家，我们最喜欢一家人在一起放声大笑，总是一起看录好的搞笑节目，能够痛快地捧腹大笑，这样所有烦恼就都释然了。我喜欢把有趣的事儿记录下来，然后告诉女儿，这样做的好处是，就算吵架的时候也会忍不住笑出声来，剑拔弩张的气氛会缓解不少。

6. 在稳定的工作和获取资格证书之外，还要让孩子有“人生的梦想”

前面我们说过，一定要让女孩拥有靠自己生存的经济实力。为此，必须具备一定的学历和能力。仅仅为了生存而工作并不能说就是幸福，最好的情况是能找到一份可以作为人生志向的工作，但往往没那么容易。所以，拥有稳定的工作和资格证书

父母要尽量给家庭营造轻松的氛围，全家人经常一起放声大笑，有利于孩子的性格养成。

是最基本的生活保障，之后再去追寻自己真正感兴趣的事，让人生有更多的选择。

这样就会在孩子的潜意识里种下“幸福种子”，她们会懂得要坚持追寻自己的梦想。事实上，我的很多客户都是以资格证书为人生保障的，她们会在获取资格证书以后，再计划去做自己想做的事。

7. 坚韧勇敢的“语言种子”

请父母在日常交流中悄悄地在女儿的潜意识里种下做坚韧并勇敢地开拓人生的女人的“语言种子”吧。

比如，“爱迪生发明灯泡前可是失败了一万次呢”“哎呀，爸爸真的觉得那时失败了是件好事”“‘塞翁失马，焉知非福’你知道吗”“第一次失败就放弃的人就只有一次机会，但在第100次成功的人却有100次机会”“就算跌倒了也能自己重新站起来”“华特·迪士尼是经历了三次公司倒闭后才成功的”“肯德基叔叔是失败了1009次后才把炸鸡卖出去的”。

女孩子应该像柳枝一样柔韧，不要强行与大风对抗，而要学会随风摇曳，待风停了又能马上恢复原来的样子。那么，要成为柔韧又坚强的女孩，最重要的“种子”是什么呢？那就是，父母要直截了当地让孩子知道自己是从内心爱她的，仅此而已。坚信自己被父母所爱的孩子无论经历什么样的失败都能重新再来。

孕育“坚韧勇敢的种子”的两个“如果”

在生活中经常假设场景，向孩子提问，能够影响孩子的潜意识。在这个过程中的亲子对话也能够增进亲子关系。我们可以通过两个“如果”来提问，悄悄地在女孩的潜意识里种下“坚韧勇敢的种子”。

1. 如果你必须和别人交换爸爸或者妈妈，你会交换谁呢

通过这个问题可以了解孩子对父母的哪些方面不够满意，丰富亲子对话内容，使亲子对话更加深入，这本身也是“幸福种子”，在增进亲子关系的同时，提升孩子对问题的处置能力。

这个问题在父母面前不太好回答。如果是爸爸，那么可以略带幽默地对孩子说：“那应该是爸爸吧，但是一定要跟好莱坞男明星交换哦。”那会是一场很愉快的对话。如果孩子很认真地回答了爸爸或者妈妈，那很可能是亲子关系出了问题。在这种情况下，父母可以开玩笑地说：“是这样啊，那我也换一换孩子吧。让我想想啊，不，还是英子最好，还是不换了。”通过这样的表达，也能向孩子传达爱意。

2. 如果从现在开始你只能一个人在无人岛上生活一辈子，而且只能带三件你喜欢的东西，你会带什么呢？

这是以前经常会被问到的问题，通过思考这个问题，可以

通过询问孩子是否愿意和别人交换爸爸或妈妈，

可以了解孩子对父母哪些方面不够满意。

提升孩子的灵活性、坚韧度和计划性。

孩子可能会给出很多答案，比如，电脑可以吗？手机也行吗？如果孩子直接回答“漫画、电视和电子游戏”，你可以问：“可是一辈子哦！长大了你也想玩儿这些吗？”由此让孩子展开各种想象。你也可以略带幽默地给孩子提供一些新的视角，比如，“如果是爸爸，我会带捕鱼的鱼叉、驱虫喷雾和船，觉得没意思了也许还可以划船回来”。

父母即使舍弃尊严和外界的看法也要守护的东西

如果有一天你的孩子跟你说她想自杀，那父母一定要抛开外界的看法，无论付出什么，都要守护孩子的生命。千万不可以马上就说“你说什么混账话”“你可不能自杀啊”“不能说这样的话”之类的。那样，孩子就再也不会向你敞开心扉了。

其实我女儿曾经对我这样说过，那是她上初中的时候，她在学校受人欺负不去上学了。在家的某一天，女儿突然对我说：“我想去学校，在同学面前把发生的事情说出来。”这是女儿花时间得出的答案。作为家长，我想尊重她的想法，但学校方面的回复是“这么做可能会刺激其他学生的内心，不太好办”，所以没有让女儿这样做。本来女儿在学校很优秀，发生这样的事，作为家长的我和学校老师都很难过。

通过让孩子做选择和取舍，提升孩子

做事的灵活性、坚韧度和计划性。

直到有一天，女儿实在想不通，对我说："我想自杀。"我感觉自己的心像被人用刀剜一样，但我没有表现出来，我回答她："好的，那妈妈陪着你一起死。"然后，我继续说，"不过，我们就这么死了是不是太傻了？错的是那些孩子，反正我们也要死，干脆把他们杀了再去死吧。"我当然不是说真的，但我女儿一瞬间表现出了很惊讶的表情，然后点点头说："确实可以。"

然后，我们开始制订周密的"暗杀计划"。我们聊这聊那，说着说着就觉得既然我们能实施这么完美的犯罪，那我们是不是没有必要去死啊。见时间已晚，我对女儿说："咱们今天先睡吧。"

第二天起来，我说："那我们要不要再仔细推敲一下那个计划？"我女儿微笑着说："不，不用了，我还没想冒那么大的风险去杀人。"

几个月之后，女儿考上了她第一志愿的高中，在那里度过了三年美好的青春时光。之后，又考上了医学部，实现了她儿时的目标。

从初中发生了那个事件之后，她再也没有因为人际关系跟人发生过争执。不仅没有过争执，她甚至可以毫无压力地跟人交往。她成人之后说过："幸好有了那次经验，当时思考了很多，后来在高中和大学才没有在人际关系上有过什么烦恼。"

不管怎么说，作为父母提出什么"暗杀计划"，真是很丢脸的事，有点唯恐天下不乱，但我也是一心一意为了保护自己的女儿。

有时父母必须不顾耻辱和外人的看法，守护孩子的生命和尊严。虽然这么说，但请您千万不要模仿我。

第6颗『幸福种子』——

甄别伴侣的种子

即便女孩们心里想着要找诚实、有经济实力、能包容他人的男性，可是不知道为什么她们总是会被潜意识里的那种施加暴力、不工作或者出轨的渣男吸引，而且往往会被同一种类型的渣男多次伤害。所以，一定要在女孩的潜意识里种下“甄别伴侣的种子”，让她们远离自己潜意识里想要追寻的那种渣男。

绝对不能种下的“不幸种子”

不知道为什么和自己交往的男朋友总是会出轨；开始相处时，男朋友还很温柔，但慢慢就会变得暴力，不工作，还跟自己要钱……这些都是女孩潜意识里种下的“不幸种子”引起的。

那么，让女性不幸的、可怕的“种子”是在什么时候、以什么方式种在女孩的潜意识里的呢？我们一起看一下绝对不能种下的“不幸种子”。

1. 爸爸在家庭里具有绝对权威，还溺爱女儿

丽娜的爸爸对丽娜这个独生女很是溺爱，丽娜说：“我长大了要和爸爸结婚！”爸爸听了会非常高兴，并得意地说：“是嘛，是嘛。”

如果在家里具有绝对支配权、掌管一切的爸爸溺爱女儿，就会在孩子的潜意识里种下“不幸种子”，孩子会觉得在这个世界上再没有人会比爸爸更爱她，更想守护她了。所以，在孩子潜意识里就会选择跟爸爸长得很像的男性，但对方不是自己的爸爸，一旦发生什么不如意的事，她就会怀疑对方究竟有多爱

自己，最终导致分手的结局。

2. 妈妈憧憬嫁入豪门

和代的妈妈要么看着电视评论：“凯瑟琳王妃真美啊，能被威廉王子选中真是太棒了。”要么总是说：“哎呀，这孩子真是能干，竟然抓住了这么个有钱的实业家。”

如果妈妈很憧憬钓金龟婿或嫁入豪门，就会在孩子的潜意识里种下“不幸种子”，让孩子觉得自己应该像公主那样等着王子的出现。导致她们经历多次离婚，或者直到中年，还在等待自己理想中的王子。但是理想中的王子并不存在，所以一辈子也幸福不了。

3. 妈妈把爸爸当作自己的孩子来对待

芳江的妈妈总是说：“爸爸是我们家的长子。”所以，芳江也会像照顾弟弟一样照顾爸爸，妈妈也总是夸芳江能帮忙照顾妹妹和爸爸。

如果妈妈总是把爸爸当作儿子，爸爸也总是跟妈妈撒娇，或者总是让姐姐照顾弟弟、妹妹，就会在孩子的潜意识里种下“不幸种子”，孩子会觉得只要我像妈妈一样照顾他们，妈妈就会开心。孩子长大以后就会在无意识的情况下寻求并选择需要人照顾的男性，甚至替代婆婆，成为照顾丈夫的人，由此确认自己的存在价值。但是，一般这样的女孩都会招惹精神上、经济上不能自立的渣男，往往无法获得幸福。

在家庭生活中，如果爸爸总是充当被人照顾的角色，

孩子长大后，很可能会倾向于选择需要人照顾的男性。

4. 爸爸、伯伯或爷爷等身边的人生活很散漫

琴美的爸爸经常换工作，甚至长时间在家无所事事，要么去打弹子机，要么出去借钱。所以她的妈妈只有日夜工作，才能维持一家人的正常生活。

不工作、上瘾、出轨、施加暴力……如果孩子身边有一个这样的爸爸、伯伯或爷爷，在孩子的潜意识里就会种下“不幸种子”——男人都是靠不住的，但是如果女人辛苦一点能够得到疼爱也是幸福的。

可悲的是，那样的家庭通常都是妈妈一个人来维持全家的开销，各方面条件都很差，孩子没有很好的学习环境和学习习惯，不能够取得很高的学历，无法进入层次较高的阶层，导致认识了一些水准很低的男性，为今后的生活埋下了隐患。

5. 妈妈把自己喜欢的男性类型强加给女儿

乃梨佳的妈妈年轻的时候曾经追过男星，到现在也很容易迷恋偶像，说起偶像总是很兴奋的样子。妈妈的喜好会对女孩产生非常大的影响，从衣着打扮到兴趣爱好，乃至对男性的评价。

所以，如果妈妈对年轻帅气的男性，或者是电视上那种散发着危险气息的男子很迷恋，就会在孩子的潜意识里种下“不幸种子”。孩子会想：“我也找一个像男星那样帅气的男人吧。”“男人有点危险反而更有魅力。”等她们长大之后只会被外表帅气，但心怀鬼胎的危险男人吸引，很难谈一场踏踏实实的恋爱。

如果妈妈把自己喜欢的男性类型强加给女儿，

很可能压抑女儿的主动性，让她成为迁就别人的人。

6. 告诉孩子“结婚是人生的终极目标”

乔美非常喜欢有公主的童话，比如《灰姑娘》《白雪公主》《睡美人》等，乔美的妈妈在给乔美读完童话之后总是会问她：“乔美在婚礼上想做什么样的新娘呢？”

如果父母只是给女孩读结局圆满的公主故事，会在孩子的潜意识里种下“不幸种子”，孩子会觉得人生的终极目标就是和帅气的王子结婚，等孩子长大以后就会把结婚当作人生目标，所以根本不会思考结婚之后的现实生活，这种状态下的婚姻难以长久。有的结婚双方自己都还没有长大，思想不够成熟，生了孩子也不尽心抚养，甚至出现虐待孩子的现象。

7. 妈妈总是求别人

“爸爸，给我买一件衣服吧。”“爸爸，请再体贴我一点吧。”海理的妈妈总是求爸爸做各种事情。不仅是对爸爸，回到娘家的妈妈也会向外公外婆伸手要东西：“喂，这个我拿走了啊。”“这个月我们家的钱不够花了，能借一点儿给我吗？”

如果孩子总是看到妈妈跟别人要这要那，会在孩子的潜意识里种下“不幸种子”，让孩子觉得不管什么事，只要让别人帮忙就是占便宜。这样的孩子长大以后会变成一个索取不断的女人，总是让交往的男士或丈夫做事，自己为别人做什么或者给别人什么东西就感觉很吃亏。所以她们总是倾向于选择能为自己做事的男人，自己却什么都不想给予，最终会被优秀的男性敬而远之。

总是被渣男吸引，最终自己也只能成为渣女。这些女孩本想追寻理想的伴侣，却被潜意识里认定的异性所吸引，不得不说父母的责任非常大。

7颗“甄别伴侣的种子”

现代女性不应该再做被男性选择的女性，而应该成为自己主动选择男性的女性。但是，不论女性怎么有意识地让自己主动选择，一旦选择了渣男，就会给今后的生活带来无尽的困扰。请父母一定给孩子种下很多很多“甄别伴侣的种子”，让孩子能去选择让自己幸福的男性。

1. 成为配得上优秀男性的女性

《灰姑娘》和《风月俏佳人》里的故事都掺杂着人们的美好希冀，而现实生活中的精英男性大概率会选择精英女性，现代社会中律师结为伴侣、医生结为伴侣的现象越来越多。可见，要吸引精英男性，就要让自己成为高水准的女性。

平日里要注意培养女孩高雅的气质和优雅的说话方式，提升她们的品位和审美能力。另外，不要只是给孩子读公主和王子的故事，还要读一些主人公经历丰富、不断自我提升的故事，让孩子对人生的选择和际遇有所体会。这样就可以在孩子的潜意识里种下“幸福种子”，孩子会懂得有能力的男性喜欢的是有能力的女性。还可以找一些有类似情节的小说、电影、电视剧让孩子看，或者在生活中找到有类似经历的朋友，请她们跟孩子聊聊。

2. 要注重衣着打扮和身心健康

说句实话，男士是很看重外表的。在初次见到一位女性时，他们首先会注意到女性的装扮，之后是笑容，这两点是吸引高水准男士必不可少的。

要想种下这颗"种子"，妈妈一定要做好榜样，注意自己的身心健康，最好能一直保持健康、快乐、积极的状态，还要经常露出美丽的笑容；不要穿不符合年龄的少女装，不要化浓妆，不要穿与场合不符的装束。

妈妈这样做可以在孩子的潜意识里种下"幸福种子"，孩子就会知道健康和快乐是成为优秀女性的前提。身着符合场合的服饰，带着美丽笑容的女性没有人不喜欢。

3. 告诉孩子为别人付出是件快乐的事

总是让男士为自己做事，自己却一点都不体贴对方，也不愿意把时间和精力花在对方身上，这样的女性会招人讨厌，一点魅力也没有。大家可以尝试在家里养养猫或兔子等动物，像对待家人一样对待它们，让孩子看到父母像对待孩子一样爱护、照顾小动物。

这样就能在孩子的潜意识里种下"幸福种子"，孩子能懂得为他人做事是一件快乐的事。

4. 身处优秀男性多的环境

前面我们说过，精英男性只会选择精英女性。因此，如果女孩想要提高找到经济实力强、精神世界丰富的男性伴侣的可能性，那么与优秀的爸爸和生活中其他优秀的男性相处会起到助力作用，这也是“幸福种子”之一。

如果这一点实现不了，那么可以关注对学校和居住地点的选择，在优秀男性多的环境里生活会成为女孩的“幸福种子”。如果周围的环境也无法实现，那么父母可以通过电影、电视剧中的情节，或是朋友的故事让女儿知道男性有很多不同类型，多让她们了解与各种类型男性交往的女性有怎样的人生经历。做到这一点，就能够增加女性吸引理想伴侣的机会。

5. 让孩子有主动追求幸福的勇气

现在已经不是等待男性主动来追求女性的时代了，而且这样会降低得到幸福的可能性。因此，如果理想的男性出现，女孩一定要鼓起勇气毫不犹豫地去追寻。当然，绝对不能死皮赖脸，任何时候都要保持优雅。所以，我们要给孩子种下“积极种子”。

平时，我们可以帮助孩子练习如何跟不认识的人说话，比如，“你可以帮妈妈问问店员洗手间在哪里吗”“你可以问一下那位女士这辆火车开往哪里吗”，练习询问这样的问题，能在孩子的潜意识里种下“幸福种子”，孩子会懂得自己的目标和想要的东西应该积极地去争取。

6. 培养甄别男性的眼光

如果不培养孩子鉴别男性的能力，将来渣男就有可能成为她的理想伴侣。女孩受妈妈的影响非常大，如果各位妈妈已经读到了这里，觉得自己在选择男性方面并不是很明智，那么为了您的女儿，请您不要把自己对男性的喜好展露得过多。

您可以不经意地给孩子描述一下理想的男性形象。比如，您可以说：“真希望我的女儿能和这样的男士交往。”看《机器猫》的时候，您可以问孩子：“大雄、胖虎和小夫你喜欢谁呢?”还可以跟女儿一起说说他们每个人的优点和缺点，可能会很有趣。这时，您也可以用剖析自己或自嘲的口吻说：“啊，妈妈可能是看颜值选的另一半，但真正重要的是内心。”

这样就在孩子的潜意识里种下了“幸福种子”，孩子就知道了看外表选男人是不行的，诚实、体贴的人可能更好。

7. 甄别伴侣的“语言种子”

请父母在日常交流中悄悄地在女孩的潜意识里种下甄别伴侣的“语言种子”吧。比如，你可以说：“你会在那个偶像团体里选谁结婚呢?”“牙齿整齐的女性看起来很漂亮啊!”“这个女星的笑容真的很美，太漂亮了。”

现代女性的幸福已经不取决于男人了，但恋爱、结婚还是人生大事，会对女孩的人生产生很大的影响。请大家参考前面的例子，在女孩的潜意识里种下很多将来能够安心享受美好恋爱的“种子”和“甄别伴侣的种子”。

女孩要拥有选择伴侣的权利和甄别伴侣的能力，把幸福掌握在自己手中。

孕育“甄别伴侣的种子”的两个“如果”

在生活中经常假设场景，向孩子提问，能够影响孩子的潜意识。在这个过程中的亲子对话也能够增进亲子关系。我们可以通过两个“如果”来提问，悄悄地在女孩的潜意识里种下“甄别伴侣的种子”。

1. 如果可以变成童话中的公主，你会选择变成哪个公主呢？

这是一个女孩喜欢回答的问题，通过这个问题，我们可以了解女孩的潜在愿望。

如果孩子回答“白雪公主”，那么您可以提出比较犀利的见解：“但是白雪公主可是被毒苹果毒死过两次哦！而且王子可是喜欢打猎的人，能杀害森林里的动物，值得人爱吗？”如果孩子不知道怎么回答好，您可以说：“妈妈可能会选《美女与野兽》，因为贝儿喜欢的不是王子的外表而是他真正的样子，而且贝儿非常非常努力，也很坚强。”

这个问题还可以在孩子的潜意识里种下“幸福种子”，让孩子懂得并不是公主就一定会幸福。

2. 如果你只能在很有钱但心肠很不好的男人和特别穷但非常善良的男人之间选一个结婚，你会选谁呢？

即便是成熟女性也应该好好思考一下这个问题。

通过询问孩子希望变成哪个公主，了解孩子的

潜在愿望，并让孩子懂得并不是公主就一定会幸福。

如果孩子回答：“我肯定选特别穷但非常善良的男人。”那么父母可以接着提问：“哦，但是再怎么善良却没钱给孩子买饭吃，孩子是不是太可怜了？”如果孩子接着说：“那我选有钱人。”父母就可以回应：“那他总是打你、骂你，你也受得了吗？”

这时，孩子可能会犹豫，也许会问你：“那我到底该怎么办呢？”父母就可以一边提问，一边跟孩子一起思考：“如果丈夫是个穷人，那妻子能做些什么呢？”“如果丈夫总是进行家庭暴力，妻子应该怎么办才好呢？”

通过这样的层层递进式的问答，就能在孩子的潜意识里种下“幸福种子”，让孩子懂得不管和什么样的人结婚，都要通过自己的思考来找寻生活幸福的方法。

“吸引力法则”的真相是什么

在咖啡馆里总是有各种小团体忘我地讨论着各自的话题，白领们在说：“哎，你们听我说，我看了男朋友的手机，发现别的女人发来的短信。”“这男人好像生来就是为了出轨的啊。”“只要他们最后还回到自己身边就行了吧，不是吗？”旁边的妈妈帮聊的是：“啊呀！你的这条项链真漂亮，是宝格丽的吧？”“啊？你知道啊？这是孩子爸爸送给我的礼物。”“真好，太让人羡慕了，我生日的时候也让孩子爸爸给我买一个凯莉包吧。”另

无论选择什么样的人结婚，都要通过
自己的思考来寻找生活幸福的方法。

外几个上了些年纪的主妇谈论的是：“老伴儿身体好，总不在家真好啊。”“真的是，没错！我们家那位就在家杵着，一无是处，看着碍眼。”“要是能多赚点儿，房贷压力也没那么大。”

每个团体聊的都是一些随心所欲的话题，真的是物以类聚，人以群分，听她们聊天的内容就知道每个团体的成员都是在相似的环境里生活的。更有意思的是，在她们的潜意识里，不同的“种子”竟然是互相协助着生长的。

比如，那几个白领认为男人都是要出轨的，女人要做的就是等男人回心转意；妈妈帮觉得只要依靠有经济实力的男人，就能得到昂贵的物品；而那几位上了年纪的主妇相信男人就应该像马一样吃苦耐劳地工作来养活自己。这些妈妈对自己的女儿会有什么样的影响呢？应该不言自明了吧。

在潜意识里已经种下男人就是要出轨的“种子”的女孩，会不知不觉地被容易出轨的男人吸引；在潜意识里已经种下女人就是要出轨的“种子”的男孩，也会不知不觉地被容易出轨的女人吸引。这样的一男一女相遇，就应验了“吸引力法则”。

如果您希望自己心爱的女儿未来能和理想的男士谈恋爱，那么请想一想理想的男士潜意识里想要选择什么样的女性呢？可能会是经济上自立，精神上健康，能互相扶持，外表和内心都美的女性。那么，您一定要在孩子的潜意识里种下很多很多“甄别伴侣的种子”。

第7颗『幸福种子』——

幸福生活的种子

在女孩的潜意识里悄悄地种下“幸福生活的种子”。幸福的女人是有共同点的，她们都有获得幸福的本领。幸福的人，也会让别人幸福。为了让您最爱的女儿成为世界上最幸福的女性，请您在她的潜意识里种下“幸福生活的种子”。

绝对不能种下的“不幸种子”

没有父母不希望自己的女儿幸福，获得幸福人生的条件也有很多。但是，不论条件已经具备得多么充分，如果无法感知幸福，也是不能获得幸福的。

为什么人会无法感知幸福呢？那是因为她的潜意识里已经种下了无法感知幸福的不幸的“种子”。下面就来介绍一下这种“不幸种子”是如何被种在女孩的潜意识里的。

1. 父母总是发泄不满，从来不感谢别人

留美的妈妈总是满腹牢骚：“啊，受够了，受够了，做公司职员的妻子真是太没意思了，工资总是不涨。留美要是学习再努力点，成绩再好点，我还好受一点儿。”

父母总是满腹的不平、不满，处于一种不对现在的环境和家人感恩的状态，孩子的潜意识里就会被种下“不幸种子”，孩子会觉得自己的不幸都是别人造成的，导致自己也不努力，总是理所当然地依赖别人，感觉永远是别人做得不够。

2. 父母觉得只要自己孩子好就行

“家教老师的事儿，千万不要告诉别人啊。”“妈妈为了依智

子给老师送了很好的点心。""一定要给学校捐款。"依智子的妈妈为了让心爱的女儿尽可能地处于优势地位，总是在想办法让她比别的孩子抢先一步。

如果父母认为只要自己的孩子好就行，并且为此采取很多行动，孩子看着父母的所作所为，也会觉得只要我能赢就行，为此把别人当作垫脚石也没关系，这就是一颗"不幸种子"。

这样的孩子长大后经常会嫉妒别人的成功和幸福，并因此耽误了自己的前程。众所周知，进入社会之后，靠一个人的力量就能完成的工作是很有限的，不会和别人合作的人以及无法信赖别人的人，机会自然就会变少，而且这样的人很难得到周围人的帮助。

3. 父母总是只看到别人的缺点

"他们家的孩子真的没有孩子样""某某的妈妈让人觉得心地不怎么好"，良子的妈妈总是不停地说别人的坏话。

如果父母总是说别人的坏话、挑剔别人，就会在孩子的潜意识里种下"不幸种子"，孩子总是会关注别人的短处和硬伤，总是看别人不顺眼，看不到别人的长处和值得学习的地方。说话总是很消极的人，当然也会被周围的人讨厌。久而久之，那些消极的情绪就会影响自己，让自己变成自己口中讨厌的人。

4. 舍不得让孩子吃苦

"暑假作业爸爸帮你做，你不用担心。""不用那么努力。"

如果父母总是说别人的坏话、挑剔别人，孩子也会习惯于关注别人的短处和硬伤，成为一个很消极的人。

“不要读那么凄惨的故事。”“鱼骨头我都挑出来了啊。”“太危险了，妈妈到学校接你。”小瞳的爸爸和妈妈总是把小瞳保护得非常好。

如果父母过度地保护自己的孩子，在养育孩子的过程中一点都不让孩子辛苦，就会在孩子的潜意识里种下“不幸种子”，孩子会觉得悲伤和吃苦是很痛苦的事，自己要尽量远离消极的事情。这样的孩子将来就会成为冷漠的人，无法直视问题，稍微有一点阻碍就被伤得体无完肤。

5. 父母不读书

静音不擅长语文，虽然老师让她多读点儿书，但她家里没有书，也从来没看到过爸爸妈妈读书。

如果父母不读书，就会在孩子的潜意识里种下“不幸种子”，孩子会认为书很没有意思，尽量不要读书。这样长大的孩子共情能力、思考能力、想象能力和语言能力都比较差。她们缺少生活智慧，会在人生的各种场合失败或遭遇不幸。

6. 父母总是拿孩子的事情去炫耀

尚子的爸爸和妈妈都以自己有一个优秀的女儿为荣，“咱们家真是鸡窝里飞出了金凤凰”“幸好完全不像我们两个”“尚子将来什么工作都能做得了”，他们经常这么说，并且把尚子当宝贝一样培养。

如果父母总是拿优秀的孩子去炫耀，孩子说什么、做什么都听之任之，就会在孩子的潜意识里种下“不幸种子”，孩子会觉得自己是很特别、很优秀的人，应该受到格外的优待。因此，一旦遭遇失败，她们就会难以接受，总是把失败归咎于别人。等到上了高中或者大学，在遇到比自己优秀的人时，她们绝对不会认同对方，甚至会有深深的绝望感和挫败感。

7. 家里没有笑声

“吃饭的时候不许说话，要规规矩矩地、安安静静地吃。”这是真奈美家的规矩。

如果一个家庭的规矩过于严苛，或者父母太严肃认真，没什么幽默感，就会在孩子的潜意识里种下“不幸种子”，孩子会认为人生没什么意思，因为她们从未体验过“有意思”的人生。当然，这个孩子今后的人生也不会有太多欢喜和快乐，又何谈幸福呢？

不跟人比较就体会不到幸福，只会意识到自己没有的东西或者缺少的东西，也无法为别人的幸福开心。如果这些“不幸种子”都被种在了孩子的潜意识里，那么无论孩子多么聪明，长得多么漂亮，多么有钱，也不会得到幸福。

为了女儿的将来，请您千万不要把这些“不幸种子”种在孩子的潜意识里。

在缺少欢笑声的家庭里长大，孩子的人生
也不会有太多欢喜和快乐，又何谈幸福呢？

8颗“幸福生活的种子”

幸福的女性有一个共同点，就是她们都有获得幸福的本领。其实获得幸福的本领就是拥有一颗能够感知幸福的心，这也是获得幸福的一个必要条件。不论身体和行动受到多大束缚，内心是别人束缚不了的。只要有一颗能够感知幸福的心，不论什么时候，在什么地方，都能获得幸福。

1. 父母很有生活目标

无论身处何种境遇，都能活得有意义的人，一定非常强大。比起金钱和名誉，生活的意义能给予我们更大的能量。请父母们一定要把这颗力量的种子种在孩子的潜意识里。具体应该怎么做呢？

父母有生活目标，希望做有意义的事，这对孩子的示范作用非常大。例如，参加没有报酬的公益活动，克服困难实现心中的梦想，或者在某些情况下，父母拼命地保护自己的孩子。

在不受打扰的环境下，父母可以平心静气地和孩子好好聊聊父母的生活，让她们感受到生活的意义和生活带给我们的力量。因为每个孩子都有她独特的个性和想法，所以如果有两个以上的孩子，父母可以选择分别跟她们聊天。

在聊天的过程中，可以试着让孩子回忆一下什么才是能够让她们感受到快乐的事物和行为。她们的回答可能是和动物一起玩儿，也可能是做研究，无论是什么，只要说出来了，父母就要多给孩子创造能够体验这种快乐的机会，并与孩子一起体验这种快乐。

有生活目标的人会生机勃勃、充满力量，因此一定要让孩子对未来充满希望，让她们有意识地对不久的将来或者长久的未来有一定的展望。

这就是一颗“幸福种子”，孩子会懂得活着是一件很棒的事，活着就要体验快乐。

2. 让孩子拥有一颗易被触动的心

获得幸福的一个必要条件就是拥有一颗能够感知幸福的心，也就是要让孩子易于被触动且内心柔软。在孩提时代读过很多书的孩子以及经常跟父母谈心的孩子，自然会有一颗易被触动的心。

虽然暴力和恐怖事件会对孩子有不好的影响，但对稍微大一点的孩子来说，跟她一起看战争电影、听战争讲座，或者聊有关战争的新闻，都是很好的选择，也会起到很好的效果。如果孩子还很小，可以多给她读一些《小狐狸阿权》这样的故事，让她体会什么是悲伤。父母和孩子一起分享各种感动，语言能力也会提高，最重要的是，和他人分享感动本身就是人生的巨大快乐。

以上这些都会成为“幸福种子”，孩子会懂得人生也有很多悲伤的事，能和家人一起生活就很幸福了。

3. 平凡的每一天里都能发现小小的幸福

在平凡的日常生活里发现“小确幸”的能力也会成为生活幸福的巨大力量。为此父母可以养成和孩子一起散步的习惯，就算时间很短也可以，每天坚持最重要。

散步的时候感受天空的颜色、青草的清香、小小的花骨朵、小鸟的鸣叫、风的吹拂。然后把自己的感受和孩子一起分享。这会给孩子种下“幸福种子”，孩子会懂得这世上美好的东西有很多，能感受美好是一件非常快乐的事。

4. 父母懂得奉献的快乐

有数据显示，比起为自己，为他人服务会获得更大的幸福感。如果孩子能看到父母为家人以外的人付出时间和精力，孩子的潜意识里就会被种下“幸福种子”，她会知道人就是要互相分享，为他人贡献一份爱心是快乐的事。

父母还可以给孩子创造为别人或者动物做事情的机会，社会上的志愿活动或是给家人帮忙都是可以的，这时孩子要是很温柔地说：“谢谢妈妈，我最喜欢妈妈了。”妈妈可以回应：“啊，妈妈真开心，宝贝的一句话让妈妈又充满力量了！”

这样就在孩子的潜意识里种下了“幸福种子”，孩子会明白自己的一句简短的话语能给人力量。

5. 让孩子多多欢笑

在这本书中，我已经提过很多次，笑本身就是快乐。人生笑了多少次就有多少幸福，能多笑一次就能多获得一份幸福。从这种意义上来说，人的笑点越低越好。

建议大家多在家里放一些搞笑节目，安排一些让人快乐的活动。要给孩子制造开怀大笑的机会，还要让孩子多看到父母发自内心欢笑的样子。父母笑的样子是最能让孩子内心感到安全的，还能在孩子的潜意识里种下“幸福种子”，孩子会觉得自己笑、看别人笑是开心的事，自己一定要多寻找笑的机会。

全家人还可以一起玩儿手势游戏、模仿游戏，开朗读会，读好笑的书，这样的活动可能会比出国旅行更能给孩子留下深刻的印象。

6. 父母要以慈爱之心对待动物

爱自己很重要，但是从内心关爱除了自己之外的人和动物也会变成生活下去的巨大能量。如果能在家里饲养猫或狗等动物，并像照顾家人一样照顾它们，就可以在孩子的潜意识里种下“幸福种子”，孩子会觉得动物是可爱的、需要保护的。

父母对待动物的态度、方式，是孩子学习如何保护、关爱弱者的参照。请父母一定要带着责任心和爱心饲养动物，给孩子做个好榜样。如果家里没有饲养小动物，那么在遇到婴儿或者别人家的小猫、小狗的时候，可以跟孩子说：“你看多可爱，小宝贝好乖。”这些都是“幸福种子”。

父母对待动物的态度、方式，是孩子

学习如何保护、关爱弱者的参照。

7. 让孩子对未来充满希望

前面我们说过，能够发现生活意义的人总是生机勃勃、充满力量。

因此我们一定要让孩子对未来充满希望。比如和她们像下面这样交谈，可以让她们有意识地对不久的将来或者长久的未来有一定的展望。

“长大后你想做什么呢?”“等你上了高年级，你想像谁一样呢?”

这样就可以在孩子的潜意识里种下“幸福种子”，孩子会知道未来有很多值得期待的事，会越来越好的。

8. 幸福生活的“语言种子”

请父母在日常交流中悄悄地在女孩的潜意识里种下幸福生活的“语言种子”吧。比如，“今天我遇到了一个特别好的人”“听着下雨的声音，心都会变得特别安静”“妈妈一定是为了成为你的妈妈而生的”“怎么样才能让战争消失呢”“如果我们想帮助在电视上看到的那个非洲孩子，我们能做些什么呢”。

没有人不希望获得幸福，没有人不追寻幸福。我也在很长时间里辛辛苦苦地追寻自己的幸福，但一直没有得到我向往的幸福，反而大病了一场。在我逃离死亡并认为自己永远得不到幸福的时候，终于发现幸福就在眼前。

那就是我的两个孩子和我们养的六条狗，他们才是我长久以来一直在追求的幸福。其实，在我成为母亲的那一刻已经得到了最大的幸福。回头想想，我竟然那么长时间都没有意识到，真是浪费了太多时间。

所以，写到这里我想说：“现在在您眼前的孩子正是您人生最大的幸福，请您一定要在孩子的潜意识里，不，是在孩子的人生道路上为她种下很多很多“幸福生活的种子。”

孕育“幸福生活的种子”的两个“如果”

在生活中经常假设场景，向孩子提问，能够影响孩子的潜意识。在这个过程中的亲子对话也能够增进亲子关系。我们可以通过两个“如果”来提问，悄悄地在女孩的潜意识里种下“幸福生活的种子”。

1. 如果你生了非常重的病，只能再活一年，你将如何度过这一年呢？

我觉得这个问题大人都很难回答，向孩子提出这个问题，可以引导孩子树立正确的生死观。人都是要死的，一边思考着死亡，一边生活，可以激励人去尝试更加积极的生活方式。也就是说，在思考这个问题的过程中，可以让孩子思考生命的意义和生活的可贵。

如果孩子问：“哎？那就不用学习了吗？”您可以继续深入地问：“是啊，这是千夏的人生，千夏想怎么做就怎么做，那千

引导孩子树立正确的生死观，

激励她们尝试更加积极的生活方式。

夏将如何度过这一年呢?”您也可以回答：“如果是妈妈的话，妈妈就会把到千夏成人为止我想要教给千夏的事都写成信。”

2. 如果你可以跟别人分享自己的寿命，你会分多少？给什么人呢（你并不知道自己的寿命有多长）？

向孩子提出这个问题，可以让孩子从另一个角度思考时间的珍贵和活着的意义，也可以借助这个机会，了解孩子想跟谁分享最珍贵的生命，了解她内心的爱和其他情感。

如果孩子回答：“我要给奶奶10年!”你可以回答：“宝贝真好，奶奶知道了一定会开心的，但是奶奶说不定也会想把自己的寿命给美奈子一些呢。”这样可以帮助孩子继续深入思考，也能让孩子体会家人之间的关爱和人与人之间爱的深厚。

还可以和孩子聊聊人的生命，比如，“妈妈会把自己的寿命分给咱们家的老狗波奇，因为动物的寿命很短”“爸爸想看到美奈子当妈妈的那一天，所以就不分享给别人啦”，通过这种方式，让孩子感受生命的多种可能性。

父母送给女儿最好的礼物

几年前，有两位和我同龄的女士来找我做心理治疗。

A女士的先生是著名企业的部长，他们住在东京最好的地段，有一个儿子。她向我倾诉：“医生，我的人生为什么不能像我想象的一样呢？如果我先生的收入能比现在多 300 万日元，我就能够学我想学的东西了，还能让儿子去好一个档次的大学，但现在不得不放弃了，还有……”我问了问她先生的年收入，据说有 1500 万日元。

B 女士从一年多以前开始预约我的个人治疗，她是从大老远的东北地区过来的。B 女士后来得了重病，身体动不了。两年前，她做卡车司机的先生在交通事故中去世，她要自己一个人养活三个儿子。她先生是疲劳驾驶，所以既没有认定为工伤，也没有得到人身保险的赔偿。她说：“我日夜不停地工作，慢慢地攒钱来做个人治疗，我想和死去的先生在另一个世界相见。在先生生前，我从来没跟他说过感谢的话，我想跟他说，‘你能给我三个这么健康、可爱的孩子，谢谢你’。”

听了这两件事，您觉得哪位女士更幸福呢？我觉得毫无疑问是 B 女士。

有一个佛教用语，叫作“一水四见”，意思是同样是水，在饿鬼眼中乃一池脓血，鱼则视之为最佳居所，凡人以为是喝的水，天人看来是宝饰庄严之宝池。相同的水，看到它的人不同，看法也就不同。

我感觉获得幸福的秘诀就在于此。在生活中不要总是想着自己没有的东西，如果人们都能感谢自己所拥有的，那自然就会幸福。另外，有勇气且有一颗宽大的心，能把自己拥有的东西分给别人的人，是很了不起的。只是在现实中把自己的金钱和时间分享给别人不是一件容易的事。

和孩子聊关于生命的话题，能够让孩子感受生命的多种可能性，并增进家人之间的感情。

每到这时，我都会想到特蕾莎修女的一句话：“善良的话语可以很简短、很简单，但可以产生永不磨灭的回声。”不经意的一句话可能拥有让对方幸福很多年的力量，所以，请对别人说出发自内心的赞美之言，从今天就开始。

如果世界上的每个人都能把这份礼物送给别人，是的，不仅是您自己的孩子，全世界的孩子就都能安心地生活了，其他国家的孩子也能像日本的孩子一样，顺利长大成人。能培育这样的社会的种子，难道不是父母能做的最值得的努力吗？

结语

给每一位有女儿的家长朋友

谢谢您能读到最后。

我产生写这本书的冲动，已经是在十多年前了。

有一天医生告诉我："你的癌症已经转移到了肾脏、小肠、子宫和卵巢四处了。"忽然，我就不得不与死亡面对了。

我想："为什么是我呢？我是做了什么伤天害理的事吗？"

虽然我知道人总是要死的，但忽然与死亡面对面的时候，整个人都被巨大的恐惧和绝望给袭击了。而且，最让我害怕的就是要离开两个孩子撒手而去。

当时我女儿还是高中生，儿子也才上初中。虽说他们已经长大了，但也还是处在需要母亲的年纪。

我曾经想过在做手术之前把两个孩子叫到跟前，跟他们交代好自己的遗嘱。当时我脑子里想到的话是："就算妈妈不在了，你们也要好好学习考上大学，找一份稳定的工作。”

然而，当一脸认真的女儿和正处于叛逆期的儿子坐在我面前的时候，我说的竟然是：“嗯，我想你们已经知道了，妈妈可能会死。我死之后，你们在选大学、选工作、结婚，没准儿还有离婚的时候可能会想：‘如果妈妈还在，她会怎么说呢？’我现在先把答案告诉你们。”

我儿子还是和平时一样，把脸扭向另一边。

我继续说：“如果你们在面临人生的重大选择不知如何是好的时候，试试把眼睛闭上，扪心自问：哪个选择会让你觉得振奋而快乐？哪个选择会让你得到幸福？就算那个选择在别人看来是很愚蠢的，或者会很辛苦，妈妈还是希望你们毫不犹豫地去选择它。这就是妈妈的建议。”

说完，我惊讶地想：“啊？我刚刚说了什么？”这个时候不是应该说“你们要努力学习，考上好大学”吗？但是，真正面对孩子们时，我才知道这就是我最想告诉他们的。

“还有，你们长大后一定会后悔，觉得自己当时应该更好地孝敬妈妈才对。所以，我现在告诉你们孝敬我的方法。那就是，跟刚才一样，闭上眼睛扪心自问：现在我是向着自己梦想的目标在努力吗？如果是的话，那就是对妈妈最大的孝敬了。”

听了我的话，女儿哭了。

儿子还是老样子，把脸扭向另一边，但眼睛红了。

第二天，儿子看了一眼正躺着看电视的我，在经过的时候用脚挪动电视，把电视的正面朝向了我。虽然他的举动还是那么的鲁莽，但对正处于叛逆期、几乎不怎么跟我说话的儿子来说，他的体贴我已经感受到了。

在这本书中我介绍的都是如何让女孩成为幸福的人的方法。但是，父母对孩子的最大期望首先是健康地活着。我可以说是奇迹般地生存了下来，也因为这段经历而学到了什么才是重要的。

那就是，“今天虽然是平凡的一天，平凡到不会留有什么记忆，但今天也是绝对不会再有机会重来的重要的一天”。

有女儿的爸爸妈妈，请您在这既平凡又珍贵的今天好好地爱您的女儿。

最后，我要衷心鸣谢总是真诚而温暖地支持我的大和出版社的各位，以及同样有女儿、强烈促成本书出版的竹下编辑。

还有，给我心爱的女儿。你就是我生存的意义。对不起，妈妈不是很称职。但是我绝对可以充满自信地说：“不论何时何日，我一直打心底里爱着你，而且这份爱会一直持续下去。妈妈永远是你的拥趸。”

希望你能够一直健康、快乐地生活下去。

亲子心理交流协会代表　中野日出美